2015 '작가'가 선정한

오늘의 시

2015 '작가'가 선정한

오늘의 시

작가

■ 펴내면서

최근 우리 시단은 혼재와 분화 자체가 고유한 특성이라고 할 수밖에 없는 다양한 표정을 하고 있다. 그럼에도 불구하고, 비록 불구적인 것이기는 하지만, 일종의 주류 미학을 추출해 보려는 비평적 충동은 그치지 않는다. 사실 일정한 단순화와 도식성이 불가피한 모든 종류의 유형학은, 기억의 편의를 돕는 순기능과 함께, 개별 시편들이 이루는 풍부한 가능성을 억압하는 우愚를 범하기 쉽다. 그래서 이러한 작업은 예외적 사례들에 대한 추후 성찰을 전제로 할 때만이 일정한 의의를 인정받을 수 있을 것이다. 우리가 여기 펴내는 앤솔로지 역시 이러한 전제에 부응하려는 작은 기획일 것이다.

지난 시대 우리 사회를 달구었던 탈脫근대 담론들은 우리 시의 엄숙주의와 계몽성에 일정한 반성적 계기를 부여한 채 담론의 뒤안길로 흐릿하게 사라져 갔다. 이는 우리 시에서 가장 중요한 시적 요소이자 핵심 자질이었던 생의 비극성에 대한 천착과 공동체적 차원의 사회적 전망을 하나하나 지우는 폐단을 키우기도 했다. 심지어는 시를 통한 인문적 통찰이 가장 낡은 방식으로 내몰리기까지 하였다. 하지만 우리 시대의 시인들은 이러한 미학적 근시성을 넘어, 시의 대안적 가능성에 대한 깊은 사유를 수행함으로써 담론적 진경을 열어나가고 있다. 말할 것도 없이, 이는 후기 자본주의의 견고한 구조 속에서 시가 어떻게 개별화된 감각과 대중문화적 감염을 뛰어넘어 새로운 언어에 다다를 수 있는지에 대한 미학적 대망과 관련되는 것이다. 우리는 이러한 요청과 대망에 대한 가능성과 한계를 우리 시대의 시인들의 각별한 고투 속에서 찾아보게 되는 것이다.

2015년 『'작가'가 선정한 오늘의 시』는, 이러한 성찰의 기능을 극대화하는 유력한 자료가 되기를 희망한다. 그러한 바람을 바탕으로 하여 이 책은, 우리 시단의 다양한 풍경을 깊이 사유할 수 있는 유력한 미적 근거들을 갖춘 수많은 가편들을 수록하였다. 많은 동료들로부터 지지를 받은 시편과 시집은, 미적 완결성과 개성적 목소리를 아울러 견지함으로써, 우리 시대의 대표적인 성과로 인정받게 될 것이다.

이번 설문 조사 결과, 작년 한 해 동안 발표되었던 시편 가운데 유홍준 시인의 「유골遺骨」이 가장 많은 추천을 받았다. 그의 시편은, 유골이라는 소멸 이후의 형상을 통해 한 존재가 한때 지상에서 누렸던 시간과 자리를 수습하고 있는 따뜻한 시편이다. 비문과 축문이라는 시의 변형 형식을 통해 사물에 가 닿는 과정을 지극하게 보여주는 가편이다. 삶 속의 죽음 혹은 죽음 속의 삶을 아주 친숙하게 이해시키는 시편이라 할 것이다.

시집으로는 김경미 시인의 『밤의 입국 심사』(문학과지성사)가 선정되었다. 이번 시집은 자아와의 불화와 그 궁극적 화해 과정을 아름답고도 개성적인 형상과 목소리로 드러낸 우리 시대의 가장 뛰어난 미학적 화폭이다. 그리고 현재의 '나'에 대한 기록이며 미래의 '나'를 위해 정성스레 뿌린 씨앗과도 같은 성취라 할 것이다. 시인은 자신으로의 몰입과 그것으로부터의 이격을 동시에 시도하는데, 그 결과 시를 통해 궁극적인 '개인'의 의미를 묻고 있다. 이 점, 집단의 목소리를 통해 역사적 상상력에 몰두해 왔던 우리 시의 한 심급에 대한 격렬한 항의요, 그 역상逆像으로서의 훤칠한 성과라 할 것이다.

앞으로 우리 시단은 성찰적 요인과 시에 대한 믿음으로 2015년 이후의 풍경을 꿈꾸게 될 것이다. 지난 한 해의 시적 성과들은, 이러한 시적 과제에 확연하고도 분명한 미학적 대안을 제시하지는 못했지만, 탄탄한 미적 완결성을 두루 보여주었다고 할 수 있을 것이다. 모쪼록 이 책이 우리 시대의 이러한 과제들에 대해 유추적으로 사유할 수 있는 자료가 되기를 바란다.

2015년 2월, 기획위원회

목차

2015 오늘의 시집

2015 '작가'가 선정한

오늘의 시

강형철 고두현 고형렬 공광

정류장에 앉아_성(聖) 수요일의 참회_누가 스피링쿨러를

김기택 김명인 김복근 김선

화살_불안새_酒-파자破字 27_시인 것_기타 줄에 올라앉

김완하 김이하 김일연 김종

무화과나무 그늘_붉은 봄_크로노스 미궁에서_비의 문장_오후

문성해 문인수 민병도 박권

한솔밥_나도 서울역 출신이다_검결

박주택 박찬일 박현수 박형

출판기념회_맑은 상태에서 범행을 저지르는 것_블루길을 위한 변명_들

성선경 손정순 손택수 송재

사돈은 늘 남의 말을 하고_아현동 금풍장여관_

신용목 신필영 오종문 우대

고사나무 숲의 여름_끈이 풀린 나이_혁명

이명수 이병률 이상호 이우

혼자 밥 먹다_여행_정2품송_이명 2_보석_

이현승 임성구 장만호 전기

고통의 역사_김수영을 읽다_올가미_구름의 가장자

최서림 최정진 함민복 허 연

세상의 안이면서 밖인_축제의 인상_적기의 강한 신_국경 2_물의

권달웅 권혁웅 길상호 김광규

나_자화상_느티나무 그림자_회상_기타 고양이_가을 소녀

김성규 김성춘 김소연 김승일

이들_옥룡암에서_가방 같은 방_무엇이 사랑할 수 있을까

김태형 김행숙 류인서 맹문재

가_남은 사과_저녁의 감정_우편함 속의 꽃씨_암순응을 위하여

박기섭 박서영 박성준 박시교

드기_뻐꾸기 우는 날은_성게 안연_봄비

배한봉 백이운 복효근 서동균

가을이 지구를 방문하는 이유_태평한 정원_2014, 운석 이후_복도를 걷는

송종찬 송찬호 신달자 신동옥

절벽_들꽃의 노래_모란이 피네_종소리_비트 3

우병록 유안진 유자효 유홍준

침_며칠_염소를 기른다 2_자고새_아직_유골

이은봉 이장욱 이정환 이지엽

이터는 음악처럼_울음무덤_봄바다_참회록

정용국 정철훈 조용미 천양희

정리역_지구의 가을_구름의 서쪽_오늘 쓰는 편지

주성란 홍일표 황학주

래_북극거미_물의 종점을 지나 집으로 가는 길

강형철

정류장에 앉아

버스를 기다리지 않으면서도
다리쉼을 위해
숭의동 로터리 정류장 나무 의자에 앉는다

조립식 총판 간판
수도 누수공사 각종 보일라 시공
타일공사 창호공사

하나하나 우리 생이 아프게 얹힌,

꼬부라진 어머니가 오갔을 길

값이 매겨진 채 너덜거린다

여기가 설 자리라며
굳건하게 세워진 입간판도
흐르는 바람에 하는 수 없어 조용히 몸을 뒤틀며
무엇인가 보려 애쓰고 있다

연안부두 석바위 인천터미널
갈 곳을 이마에 붙이고

버스는 쉼없이 오가는데

한숨 돌린 어머니의 긴 여행
그 옆에 얼쩡거리다가,
잠시,
한 순간,

(유심 11월)

시 작 노 트

세상에 서 있는 간판도, 간판의 글씨도 모두 어머니처럼 보였다. 아니 그 위로 몸을 바꾸어 번진하는 우리들 생애가 보였다. 글씨에 얹힌 먹물도 길 위에 들러붙은 콜타르도 모두 우리들 몸들과 생각이 변전하여 존재하는 것이고……. 그렇게 우리는 이 우주를 떠도는 것이리라.

강 형 철 1955년 군산 출생. 1985년 《민중시》 2집에 「해망동 일기」 외 5편을 발표하며 작품 활동 시작. 시집으로 『해망동 일기』 『야트막한 사랑』 『도선장 불빛 아래 서 있다』, 평론집 『시인의 길 사람의 길』 『발효의 시학』 등이 있음』. '5월시' 동인.
hckang55@hanmail.net

고두현

성聖 수요일의 참회

1904년 6월 15일 수요일, 뉴욕 이스트강
제너럴 슬로컴호에 불이 붙었다.
선장은 애들 말이라며 믿으려 하지 않았다.
불은 휘발유 창고로 번졌다. 선원들은 허둥댔다.
소방 호스는 다 썩었고 구명정은 철사로 꽁꽁 묶여 있었다.
다급해진 부모들은 아이에게 구명조끼를 입혀 물로 던졌다.
그러나 떠오르는 아이는 없었다. 구명조끼가 모두 불량이었다.
1342명 중 1031명이 죽었다. 대부분이 소풍 나온 교회 신자였다.

110년 뒤, 2014년 4월 16일 수요일
진도 앞바다에서 세월호가 뒤집혔다.
선장은 애들에게 움직이지 말라고 지시한 뒤 탈출했다.
선원들도 앞다퉈 배를 버렸다. 구명정은 꽁꽁 묶여 있었다.
아이들은 구명조끼를 입은 채 선실에서 기다렸다.
질서정연하게, 모범적으로
그렇게 476명 중 304명이 수장됐다.
그 중 250여 명은 수학여행 가던 고등학교 2학년생이었다.

거기엔 없었다.
칠흑 바다에 여자와 아이들 띄워 놓고
장엄하게 숨진 1852년 버큰헤이드호의 세튼 대령도 없었고,

차가운 구명정에 아이와 여자들 먼저 태우고
배와 함께 가라앉은 1912년 타이타닉호의 스미스 선장도 없었다.
뭍에서 3킬로미터밖에 안 되는 그 곳에는
없었다. 선장도 선원도 아이들도 여자도 아무도 아무도,
헤아릴 수 없는 비극의 밑바닥에 못을 긁어
슬픔을 기록할 사람도 없었다.
이렇게 어처구니없는 일도
없었다. 젖은 빵을 씹던 가롯 유다의
흔적조차도 그 곳엔.

(문학의오늘 여름)

시 작 노 트

…… 없었다.

고 두 현 1993년 《중앙일보》 신춘문예로 등단. 시집으로 『늦게 온 소포』 『물미해안에서 보내는 편지』 등이 있음. 시와시학 젊은시인상 등 수상. kdh@hankyung.com

누가 스프링클러를 돌리나

반만 늙은 남쪽 남자가 스프링클러를 돌린다

삶이란 한때 발표할 데 없는 시를 쓰는 것
쓸데없는 시간을 축내는 것
일찍이 나에겐 이런 생각이 찾아왔었다

저 스프링클러엔 누가 없는 모양이다
가까이 혹은 멀리 갔다 돌아온다고
나도 회전한다,
그날까지 나를 한 모금씩 내뿜는
스프링클러의 마지막 음은 표기하지 못했다

독사는 사각대 위에서 머리를 숙이지 않는다
한 호스의 꿈은 끝에서 토해낸다
권태로움도 덧없음도 없이,

이래서 우리의 가문 날 칼날이 무디어졌다
울음을 찍던 사음寫音의 기억만 남기고
한 세대 시인들은 사라져간다

나의 여름은,

아무도 모르게 스프링클러와 함께 가고 있다

(시산맥 가을)

시 작 노 트

시 자체는 할 말이 있을 리 없다. 가물어 스프링클러를 틀어놓고 마당을 내다보던 그날 낮처럼. 언어 자체도 할 말이 있지 않다. 그것들은 어제, 지난 달, 작년, 재작년으로 지나간 것들. 증명하고 반영하고 기억한다는 말도 사실이 아니다. 남아 있는 것은 없다. 저 안에서 대립된 것들이 돌아가고 있다.

고 형 렬 강원도 속초 출생. 1979년 《현대문학》으로 등단. 시집으로 『대청봉 수박밭』 등이 있음. sipyung2000@hanmail.net

공광규

자화상

밥을 구하러 종각역에 내려서 청계천 건너
빌딩숲을 왔다가 갔다가 한 것이 이십 년이 넘었다
그러는 동안 내 얼굴도
도심의 흰 건물처럼 낡고 때가 끼었다
인사동 낙원동 밥집과 술집으로 광화문 찻집으로
이런 심심한 인생에
늘어난 것은 주름과 뱃살과 흰 머리카락이다
남의 비위를 맞추며 산 것이 반이 넘고
나한테 거짓말을 한 것이 반이 넘는다
그러니 나는 가짜다 껍데기다
올해 초파일 절에서부터 오후 내내 마신 막걸리가
엄지발가락에 통풍을 데리고 와서
몸이 많이 기울었다는 것을 알려주었다
어제는 사무실 가까이 와서 저녁을 먹고 간 딸이
아빠 얼굴이 가엾다고 하였다
그러고 보니 지금의 내 나이와 아버지 돌아가신 나이가 똑같다
안구에 바람이 불어 건조하고
돋보기를 가지고 다녀야 읽고 쓰는 데 편하다
맑은 날에도 별이 흐리게 보인다
하늘이 흐린 건 아닐 것이다
눈이 침침한 것은 밖을 보는 것을 적게 하라는

몸의 뜻인지도 모르겠다
광교 난간에 기대어 청계천을 내려다가 보는데
얼굴 윤곽이 뭉개진
물살에 일그러진 그림자가 나를 올려다보고 있다

(시인동네 가을)

공 광 규 1986년 《동서문학》으로 등단. 시집으로 『소주병』 『말똥 한 덩이』 『담장을 허물다』 등이 있음. 윤동주상문학대상, 현대불교문학상 등 수상. kkkong60@daum.net

권달웅

느티나무 그림자

어려서부터 약골이었던 나는
가끔 지붕 사다리에 올라가 오줌을 눴다
오줌발이 물총새처럼 날아갔다
어머니가 쳐다보고 웃으셨다

대입예비고사 보는 추운 겨울 아침
고사장 정문까지 따라오신 어머니가
나보다 더 초조하게 기다리셨다
— 야야 시험 보기 전에 꼭 오줌 누고 들어가그래이
내 등 뒤에서 어머니 목소리가 길게 이어졌다

얼어 부푼 아름드리 느티나무 껍질이
생의 잔해처럼 여기저기 떨어졌다
지나간 눈보라와 다가서는 봄빛이
헐벗고 살아온 누대의 상처처럼
돋아나 얼룩얼룩했다

1교시 시험 예비령이 울린 고요한 운동장
영하의 아침햇빛 받은 느티나무 긴 그림자가
정문에 매달려 기도하는 어머니처럼

성에 낀 교실 유리창 안까지 비치고 있었다

(시로여는세상 봄)

시 작 노 트

봄이면 밭둑에 이팝꽃이 무더기로 핀다. 바람에 실려오는 이팝꽃 향기는 멀리 있어도 향기로웠다. 나는 8살 때까지도 일하는 어머니를 따라다녔다. 어머니가 일하는 동안 나는 밭둑에서 이팝꽃 향기를 맡으며 놀았다. 그러나 보니 이팝꽃 향기가 어머니 냄새처럼 느껴졌다.

어머니는 나를 공부시키기 위하여, 밥장사를 하고, 허리가 ㄱ자로 굳어질 만큼 평생 일만 하셨다. 어머니는 내가 잠시 고향집에 머물다가 떠나오는 날이면, 밤새도록 나를 위해 호롱불을 켜 놓고 끄지를 않았다. 내가 걸어가는 길을 밝혀 주기 위해서였다.

여행 한 번 보내 드리지 못하고, 속만 썩인 나는 어머니 생각만 하여도 가슴이 저리다. 신학기가 되면 소를 팔아 마련한 등록금과 함께, 글을 모르는 어머니는 이웃집 누나에게 부탁해, 불러 쓴 편지를 나에게 보냈다. 그때마다 어머니는 나에게 이렇게 당부하셨다.

— 야야 시험보기 전에 꼭 오줌 누고 들어가그래이….

이제야 그 마음을 아는 내가 지금 뒤늦게 철들어 보내는 답장을 어머니는 천상에서 어느 누구에게 부탁해 읽고 계실까.

대입 예비고사 보는 고사장까지 따라오신 어머니가 지금도 1교시 예비령이 울린 정문에 매달려 나를 위해 초조하게 기도를 울리는 것만 같다. 지난날을 돌이켜보면 생은 흘러가는 강물처럼 아쉽고 그저 무상하게만 느껴진다.

권 달 웅 경북 봉화 출생. 1975년 《심상》으로 등단. 시집으로 『달빛 아래 잠들다』 외 7권 있음. kwondal22@hanmail.net

권혁웅

회상

지난번엔 애모에 갔으니 오늘은 회상에 가자
살아온 날을 징검다리처럼 건너왔다면
다 잠기기 전에 건너온 돌들을 세어보자
요즘은 물만 마셔도 살이 쪄,
세월의 물살이 자꾸 그대에게 흘러들 때
튼 살 같은 슬픔을 다독이며 회상에 가자
그러면 회상 속 미녀는 말하리라
오빠는 엉덩이가 앞으로 왔네,
미녀였다가, 안주를 밝히는 미녀였다가,
이제는 돌아와 거울 앞에서
양주를 밝히는 미녀가 된 그녀를 두고
배꼽이 뒤로 갔으니 고개 돌려
늗실난실한 저 물살에 눈길을 주자
그러면 그대는 장난처럼 던진 그 돌들이
그대를 이곳에 건네주었음을 알게 되리라
그 사이, 물살에 종이배처럼
회상이 보낸 청구서가 떠내려 올 테고

(문학의오늘 봄)

시 작 노 트

어린 시절 노래 있지? 퐁당퐁당 돌을 던지자. 그 노래가 누나랑 관련된 노래가 아니라는 걸, 그 돌을 다 디디고 온 지금에 와서야 깨달았어.

권 혁 웅 1967년 충주 출생. 1997년 《문예중앙》 신인문학상으로 등단. 시집으로 『황금나무 아래서』 『마징가 계보학』 『그 얼굴에 입술을 대다』 『소문들』 『애인은 토막난 순대처럼 운다』 등이 있음. 미당문학상, 이상화시인상, 현대시학작품상 등 수상.
hyoukwoong@hanmail.net

기타 고양이

길 잃은 아기 고양이는
기타 속에 들어가 몸을 눕혔다

끊어진 바람을 묶어 새벽이
다시 골목을 조율하기 시작했다

현악기 속의 관악기가 야아옹
울음 밖의 음악이 야아옹

울림통이 깨진 기타와
눈만 살아서 두려운 고양이가 만나

서로의 악보 속 사라진 음표를
다시 그려 넣는 것인데,

늘어진 탯줄과 기타줄을 엮어
이어가는 연주를 듣다가

음계를 잃어버린 골목의 계단도
조금씩 술렁이기 시작했다

(문학의식 겨울)

시 작 노 트

며칠째 전봇대 밑에 기타는 목이 부러진 채 놓여있다. 쓰레기차가 몇 번을 지나갔는데도 그대로이다.

며칠째 아기 고양이가 골목을 울며 떠돌고 있다. 아무리 불러대도 어미의 울음소리는 들려오지 않았다.

버려진 것들이 함께 연주하는 골목, 누구도 눈길을 주지 않는 삶, 쓸쓸함이 쓸쓸함과 손을 잡는다.

길 상 호 2001년 《한국일보》 신춘문예로 등단. 시집으로 『오동나무 안에 잠들다』 『모르는 척』 『눈의 심장을 받았네』 등이 있음. 현대시동인상, 천상병시상 등 수상.
482635@hanmail.net

김광규

가을 소녀

들판에서 양떼를 지키며
두 손 모아 기도하는 소녀의 모습
스마트폰 들여다보는 것 같네
시간은 150년 전 그대로 멈춰 있는데
두 눈을 내리뜨고 웃음 짓는
소녀의 옆얼굴 보니 이곳에서도
와이파이 터지는 듯
늑대 몇 마리 양떼 곁으로 다가와도
밀린 메시지 읽기에 바쁘고
카카오톡에 열중하는 양치기 소녀
눈매는 감자 심는 엄마 닮았고
입매는 밭을 가는 아빠 비슷하지만
마음은 아득한 미래
디지털 세상으로 날아가네
누런 풀밭에서 고개 숙인 가을 소녀
화폭에 담긴 그림은 아닌 듯
늙지 않은 어머니의 어머니의 어머니의……
앞으로 태어날 딸의 딸의 딸의……
변함없는 모습 여기 있네

(시와소금 겨울)

시 작 노 트

대학생 기숙사가 생긴 뒤부터 우리 동네 좁은 길을 젊은 여대생들이 가득 채운다. 저마다 귀에는 리시버를 꽂고, 손에는 스마트폰을 들고, 열심히 들여다보며 걷는다. 서로 이야기를 나누며 걷는 경우는 아주 드물다. 버스나 전철을 타고 갈 때도, 식당에서 밥을 먹을 때도, 심지어는 강의 시간에도, 끊임없이 개인 통신에 몰두한다.

19세기의 유럽 어느 들판에서 기도하던 양치기 소녀의 모습조차 이제는 스마트폰을 들여다보는 것처럼 보인다. 아마도 나의 착시현상이겠지만…….

김 광 규 1941년 서울 출생. 서울대와 동 대학원 졸업. 1975년 계간 《문학과 지성》으로 등단. 시집으로 『우리를 적시는 마지막 꿈』 『아니다 그렇지 않다』 『크낙산의 마음』 『좀팽이처럼』, 시선집 『대장간의 유혹』 『희미한 옛 사랑의 그림자』, 산문집 『육성과 가성』 『천천히 올라가는 계단』 등이 있음. 오늘의작가상, 김수영문학상, 대산문학상, 이산문학상, 유럽 문화교류 대상 등 수상. 한양대 명예교수. bovanokim@korea.com

김기택

화살

과녁에 박힌 화살이 꼬리를 흔들고 있다
찬 두부 속을 파고 들어가는 뜨거운 미꾸라지처럼
머리통을 과녁판에 묻고 온몸을 흔들고 있다
여전히 멈추지 않은 속도로 나무판 두께를 밀고 있다
과녁을 뚫고 날아가려고 꼬리가 몸통을 밀고 있다
더 나아가지 않는 속도를 나무 속에 우겨넣고 있다
긴 포물선의 길을 깜깜한 나무 속에 들이붓고 있다
속도는 흐르고 흘러 녹이 다 슬었는데
과녁판에는 아직도 화살이 퍼덕거려서
출렁이는 파문이 나이테를 밀며 퍼져나가고 있다

(문학동네 봄)

시 작 노 트

발은 발가락이 있는 방향으로만 걸어왔으므로, 나아간다고 달린다고 했지만, 나는 꽉 막힌 공간에 머리를 묻고 보이지도 들리지도 어둠에 갇혀, 쓰러져 있는지 누워 있는지도 모른 채, 관성으로 습관으로 앞으로 앞으로만 나아가고 있는지 모른다. 옆과 뒤와 위아래와 광활한 사방과 무한한 팔방과 경계를 모르는 안팎이 있는지도 모르고 온몸을 뒤틀며.

김 기 택 《한국일보》 신춘문예로 등단. 시집으로 『태아의 잠』 『바늘구멍 속의 폭풍』 『사무원』 『소』 『껌』 『갈라진다 갈라진다』 등이 있음. samoowon@hanmail.net

김명인

불안새

여기까지 날아와 날개를 접는 큰 새를 바라보는데
꿈밖의 것처럼 두리번거렸으니
세 개의 사막을 건너는 대상 속에 섞인 듯
내 잠은 여행자의 악몽 같은 것
먼 고장에서 오는 듯 어리둥절한 이 봄에는
아직도 맹렬한 냉기가 묻어 있으니
이 불안 어디서 오나, 무심코 바라보는
꽃잎이 계절을 일깨우듯
예감은 한 소절의 노랫말처럼 머릿속을 적신다
산책길에 개를 앞세우고 천천히 뒤따르면
누군가의 충고를 고삐삼아 생각을 조율하지만
지키려는 허공이 너무 넓어서
떠도는 구름들은 돌아보고 돌아본다
멀리 떠난 것 같지만 늘 머리 위에서 맴도는
이상한 새의 날갯짓 아래
시들시들 피는 듯 마는 듯 봄꽃들이 지고 있다
귀도 코도 아주 뭉개진 복면들이 복병처럼 출몰해서
느닷없이 가는 곳을 캐묻곤 한다

(유심 1월)

김 명 인 1946년 경북 울진 출생. 1973년 《중앙일보》 신춘문예로 등단. 시집으로 『동두천』 『머나먼 곳 스와니』 『물 건너는 사람』 『푸른 강아지와 놀다』 『바닷가의 장례』 『길은 침묵』 『바다의 아코디언』 『파문』 『꽃차례』 『여행자 나무』 등이 있음. 소월시문학상, 현대문학상, 이산문학상, 대산문학상, 목월문학상 등 수상. mikim@korea.ac.kr

酒

— 파자破字 27

닭[酉]이 물[氵] 마시듯
술은 배신하지 마라

비아버린 술잔에 한숨이 차오르모
술에게 술을 권하며 오관이 벌개질 끼다

나는 내 말을 하고 시퍼 술을 마시고
술은 지 말을 하기 위해 나를 마신다
그라모 술도 취하고 나도 취할 끼다

술이 나를 마시다가 두 손을 잡아주모
허풍시이 같은 나는 눈물을 펑펑 쏟고

세상은 지 맘대로 취해
비틀거리며 걸어갈 끼다

(시조21 겨울)

시 작 노 트

술은 소통의 달인이다. 곡수유상曲水流觴의 미적 감흥은 풍류가 되고 시조가 된다. 웬만한 근심 걱정은 술잔을 마주하면 저절로 사라진다. 그리움과 함께 마시는 술은 심신을 맑게 해 주는 신비의 영약이다. 그 역기능은 간과할 수 없는 일이지만, 이 세상 떠나는 날까지 마실 수 있었으면 좋겠다. 술시가 가까워지나 보다. 어디서 한잔 할까 마실 궁량을 한다.

김 복 근 1985《시조문학》천료. 시조집으로 『는개, 몸속을 지나가다』『클릭! 텃새 한 마리』『비상을 위하여』『인과율』, 평론집 『생태주의시조론』『노산시조론』, 괘관문집 『바람을 안고 살다』 등이 있음. sisim33@hanmail.net

김선우

시인 것

어느 새벽 시를 두 편 썼다
"이게 시가 되는가?"
한 삼일 골똘히 들여다보다
한 편은 골라 들고 한 편은 버렸다

시가 되겠다, 판단한 시 한 편
한 문장 한 구절 한 글자씩 뜯어보며 한 이틀
가시덤불을 걷어내듯 조심스레
들여다보며 만지작거리다가 벼락처럼 회의가 든다
"대체 시란 무엇인가?"

시가 시에 갇혀 버린 느낌
'시가 된다'는 느낌이 다시 감옥이 되어버린 느낌
시가, '시가 된다'는 느낌을 깨고 나올 때까지
나는 아직 기다려야 한다

시가 아니려고 하는데 결국 시인 것
시를 벗어나려고 하는데 끝내 시인 것
경계가 파닥파닥한 지느러미의 빛
시의 지느러미에 심부를 베인 것 같은
그런 순간을 향해

열렬히 미끄러지는 중인
여기를 베고 저리로 이미 흘러가고 있는 중인

그런 시를 기다린다
영원을 부정하자 사랑이 오듯이

(실천문학 봄)

김 선 우 1996년 《창작과 비평》으로 등단. 시집으로 『내 혀가 입속에 갇혀 있길 거부한다면』 『도화 아래 잠들다』 『내 몸속에 잠든 이 누구신가』 『나의 무한한 혁명에게』가 있음. lyraksw@hanmail.net

김성규

기타줄에 올라앉은 아이들

1

다리를 저는데 손가락까지 여섯 개일 게 뭐람, 노모는 아궁이에 불을 지피며 투덜거렸네

우리 마을에는 다리를 절고 손가락이 여섯인 아저씨가 있었네 홍수에 죽은 아이들이 사과에 매달려 노래할 때, 선율에 맞춰 죽은 아이들이 기타줄에서 뛰어오를 때, 먹을 게 나오냐, 방구석에 처박혀 기타 치고 그림이나 그려대면…… 노파는 소리 질렀네 놀란 아이들은 사과에서 떨어져 다시 나무 위로 기어올랐네 거대한 과일이 흔들릴 때마다 죽은 아이들은 노래했네

여섯 손가락으로 여섯 개의 기타줄을 잡지
줄을 튕기면 구름이 춤을 추며 솟아오르지
저녁이면 구름이 붉게 물들어
붉은 비가 내리면 붉은 사과가 열리지

체구가 작으니, 놀림 받는 몸으로 너는 그림을 그려라 굴뚝을 그리면 굴뚝에서 밥덩이 같은 연기가 솟아오르고 연기 속에서 파란 씨앗처럼 빗방울이 떨어지지 취할 때마다 아저씨는 나에게 말했네 가끔 물감을 훔쳐 주머니에 넣었네 집으로 가는 길에는 선율에 맞춰 나비들이 땅으로 떨어질 듯 다시 날아오르고

2

아이들은 눈송이를 밟고 허공을 뛰어다니고 나는 온몸이 떠올라 눈보라 속에서 길을 잃었네 기타를 치면 눈은 쏟아지다 다시 하늘로 올라가고 멀미에서 깨듯 아침이 왔네 기침을 하는 아이들이 집 밖으로 나오지 못했네 콧물이 노란 물감처럼 흘러내리면 아저씨는 콧물을 찍어 생강나무 가지마다 붓질을 했네 눈 녹는 소리가 골짜기를 가득 메우고 어둠에 잠긴 지붕이 밤새 허우적이는 소리 해가 뜨는 순간 기왓장을 덮은 나비들, 금빛 가루가 바람에 날렸네 아이들의 눈에 쏟아진 가루들, 잠에서 깬 아이들이 웃음을 터뜨리고 배가 고파 나는 숟가락질을 빨리했네

사과를 먹으면 누구나 얼굴이 빨개져요
빨간 얼굴을 보며 웃는 사람을 조심해야죠
웃는 사람은 늘 울 준비를 하니까요

그놈의 환쟁이한테 눈이 멀었나 봐요 나뭇잎들은 하늘로 날아올라 이상한 부호처럼 떨어지고 저녁 늦게 집으로 돌아가 노래 부르는 아이들, 어둠속 난민처럼 아저씨 방을 보며 손을 흔들었네 우리 식량을 탐내는 자, 일하지 않는 여섯 번째 손가락을 자릅시다! 흉년이 들던 해 누군가 소리 질렀네 여물을 썰던 작두날 위에서 그의 손가락은 잘려나갔네 손가락은 작은 막대기처럼 볼품 없었네 튼튼한 다섯 손가락을 주머니에 감추고 밭으로 걸어가던 날,

쓸모없는 기타를 나에게 주던 아저씨 한쪽 발자국이 고랑마다 깊게 찍히고

이듬해 날씨는 따듯했네 꽃들이 온 들판에 피자 나비들은 이유없이 죽어 고랑마다 찍힌 발자국을 덮으며 떨어지고, 기타 소리도 끊기고 그림도 볼 수 없을 때 아버지를 따라 나는 도시로 올라왔네 눈보라가 그 해 도시의 빌딩 사이를 몰려다니고, 봄이 오자 화염병이 터졌네 혁명이었네 죽은 식물처럼 군인들이 골목을 막았네 다락방의 기타에서 썩은 구름이 뭉게뭉게 솟았네 해마다 솟아나는 공장의 굴뚝처럼 학설은 쉬지 않고 발표되었네 아버지는 고향에서 전화했고 계절 내내 소방차가 도시를 달렸네 불의 홍수를 보려 아무도 창문을 열지 않았네 사람들은 밤마다 허우적이며 꿈에서 깨어났네 도시 변두리까지 뒤지는 눈보라를 피해 달아나느라 나는 머리가 하얗게 세었네 빚에 몰려 누구보다 멀리 사방을 헤맸지만 어디에도 내 발자국이 남지 않았네

3

집으로 돌아가는 길, 익숙한 얼굴의 늙은이가 그림 한 장을 세워놓고 있었네 지하도에서 구걸하는 흉터 난 손등, 팔리지 않는 그림 속에서 죽은 아이들이 사과에 매달려 나를 바라봤네 왜 이렇게 늙은 거냐고 그때 훔쳐간 물감으로 무엇을 그렸냐고, 늙지 않은 아이들은 나비를 타고 날아다니며 노래했네

우는 사람의 눈에 강철 빗방울이 흘러요
빗방울에 살이 패인 사과를 보지 마세요
구름 속의 번개가 미소 지어요
번개가 자기 손가락으로 세상을 연주하는 날

안경을 밀어올리며 나는 울었네 과일의 씨앗처럼 얼굴에 맺힌 눈물, 지하도까지 밀려온 눈보라가 내 등을 떠밀었네 기타도 붓도 없는 노인은 자신이 그려놓은 그림 속 정물처럼 움직이지 않았네 바닥에 주저앉은 나는 상한 밥덩이처럼 다리가 아파 지하도에서 일어날 수 없었네 사람들이 손가락질하며 지나갔네

(시작 봄)

시 작 노 트

어릴 적 우리 마을에 소아마비에 걸린 아저씨가 살았다. 그 아저씨는 방문 밖으로 나온 적이 거의 없었다. 한낮에는 문 밖으로 기타 소리가 흘러나왔고 저녁이면 그 집 마당에서 뛰어놀다 집으로 돌아갔다. 아저씨는 노래도 가르쳐 주고 하모니카도 불어주었다. 그러던 아저씨가 어느 날 사라졌다. 사람들은 모두 어디로 갔을까 궁금해 했지만 아무도 행방을 알 수 없었다.

김 성 규 1977년 충북 옥천 출생. 2004년 《동아일보》 신춘문예로 등단. 시집으로 『너는 잘 못 날아왔다』 『천국은 언제쯤 망가진 자들을 수거해 가나』가 있음. lamp2630@hanmail.net

김성춘

옥룡암에서

오솔길 따라가니 숲이 허공에 닿아 있다 저 부처바위도 허공이다
온몸에 문신을 한 그를 본다 무에 그리 간절했을까
스님 울음소리, 보살 목탁 소리, 무소의 뿔로 가는 청바람 소리
바람소리에 몸을 맡기며 너럭바위에 벌렁 누워 책을 읽는다
책갈피에서도 새소리 목탁 소리가 쏟아진다

바위 속에서 새소리가 돋아난다
입 코 뭉개진 부처 친구 불러내 차 한잔하고 싶다
부처바위 한 바퀴 돈다 나도 무에 그리 간절했을까

갈수록 생이 갑갑하다 암벽이다
코 입 뭉개진 시간들 모두 어디로 갔을까 잘 보이지 않는다
나는 부처바위 속으로 들어가지 못하고
잿빛 승복을 입은 스님 잠시 비치다 사라진다 무에 그리 간절했을까

바위의 몸에서 연꽃 한 송이 피어나 하늘로 가고 있다
연꽃의 발이 맨발이다
산을 지나가는 바람 소리 공짜로 듣는다
바위 하나가 자신의 침묵을 비로소 완성하고 있다.

*옥룡암 : 경주 남산 탑곡, 부처바위가 있는 절.

(동리목월 여름)

시 작 노 트

경주 탑골에 가면 아름다운 부처바위가 있습니다. 커다란 바위가 마치 화엄의 세계 같습니다. 온통, 부처, 보살, 비천상, 탑, 스님상 등의 조각으로 뒤덮여 있지요.

침묵을 완성하고 있는 큰 바위와 이육사 시인이 잠시 머물다 간 옥룡암이 그 곳에 있습니다.

영혼이 숨쉬고 있는, 아름다운 시를……

김 성 춘 1974년 《심상》 제1회 신인상으로 등단. 바움문학상, 최계락문학상, 가톨릭문학상 수상. 계간 《동리목월》 주간. kimsungchoon.hanmail.net

김소연

가방 같은 방

쌀 옆에는 운동화가 있다
생리대 옆에는 오렌지가 있다
과도 옆에는 상비약이 있다
팬티 옆에는 서류 봉투가 있다

가방을 열어 변기를 꺼낸다
손수건을 열어 욕조를 꺼낸다
발바닥을 열어 슬리퍼를 꺼낸다

땡볕을 궁리하며
나날이 시커매진다
빨래를 궁리하며
나날이 더러워진다

솥을 들고
내 나라를 삶아
새로운 친분을 도모한다
불법 체류자와 함께 나누어 먹는 두부조림
발톱에 매니큐어를 칠하는 레바논 여자와 함께 나누어 먹는 생수

혼자 앉아 계란 후라이를 먹어치운다

행주를 들어 내가 흘린 내 나라의 뉴스를 닦아낸다
모자가 이목구비를 먹어치운다
가방이 방을 먹어치운다

(현대시 8월)

시 작 노 트

내 방을 가져가진 않지만, 가방 하나가 내 방이 되어주는 곳이 여행지다. 여행지에서의 생활은 이 땅에 시인으로 사는 일과 많이 닮았다. 나는 법적으로는 한국 사람이지만 처지는 디아스포라에 가깝다. 그래서 자주 한국을 떠나고 싶어한다. 2014년은 더더욱 심했다. 국가가 개인을 보호할 의지가 없는 것 같아서이다. 디아스포라의 서러움으로 살지만 점점 더 디아스포라의 배짱으로 살고 있다. 내 터전을 떠나 여행을 가 버리면, 모국어를 쓸 일이 줄어드는 정도만큼 내 나라의 소식을 잊을 수 있다. 좋으면 안 되는 줄 알지만, 좋았다. 더 불편했고 더 궁핍했고 더 벌거숭이처럼 지냈지만 마음은 덜 신산했다. 그러다 인터넷 환경을 만나면 기어이 뉴스를 클릭하여 읽는다. 어리석은 뉴스가 잊었던 치욕을 되살려 놓는다. 그래도 "재패니스? 차이니스?" 하고 묻는 이방인들에게 '코리안' 이라고 분명하게 말한다. 그러고 쌀을 씻어 밥을 안치고 두부를 조리고 찌개를 끓여 내 나라의 음식을 이방인들과 나눈다.

김 소 연 1993년 계간 《현대시사상》으로 등단. 시집으로 『극에 달하다』 『빛들의 피곤이 밤을 끌어당긴다』 『눈물이라는 뼈』 『수학자의 아침』이 있음. catjuice@empas.com

김승일

무엇이 사랑할 수 있을까

유리쇼

여기에 당신이 생긴다 당신의 주위에 관객들이 생긴다 당신과 관객들에게 많은 돈이 생긴다 당신과 관객들의 전면에 무대가 생긴다 무대에 할아버지가 생긴다 할아버지에게 미국이라는 국적이 생긴다 색유리가 생기고 파이프가 생기고 커터가 생긴다 할아버지에게 유리로 예술품을 만드는 기술이 생긴다 장인정신이 생긴다 배경음악이 생긴다 할아버지에게서 유리 예술품이 생긴다 당신과 관객들로부터 박수가 생긴다 당신과 관객들에게 다음과 같은 문장들이 생긴다 저 할아버지는 그 자리에서 바로 일어나는 감흥 또는 기분으로 예술을 한다 저 할아버지는 장인이다 장인에게 당신과 관객들의 돈이 생긴다 당신과 관객들에게 장인에게서 생긴 유리 예술품이 생긴다

유리쇼

무대 위에 누군가 생긴다 다음과 같은 문장이 진행자에게서 생겨서 스피커를 통해 장내에 생긴다 외계에서 온 유리 장인입니다 그에게서 즉흥적으로 화려한 화병이 생긴다 완전히 똑같은 화병이 다시 생긴다 다시 생긴다 다시 생긴다 즉흥적으로 만든 화병을 완전히 복사하는 기술은 공장의 로봇에게도 불가능한 일이라는 미국 장인의 경악이 생긴다 경악에게서 보증이 생긴다 외계에서 온 유리 장인이라는 자에게 당신과 관객들의 돈이 생긴다 완전히

똑같고 화려한 화병들에게 세상에 하나만 있는 화병보다 높은 가치가 생긴다 세월이 생긴다 외계에서 온 유리장인이라는 자에게 돈이 많이 생긴다 한 남자에게 외계에서 온 유리장인이 외계생명체가 만든 로봇이라는 정보가 생긴다 제보자가 생긴다 당신과 관객들에게 배신감이 생긴다 과일상인에게 당신과 관객들의 돈이 생긴다 당신과 관객들에게 과일들이 생긴다 야유가 생긴다 과일들에게 속력이 생긴다 외계생명체가 만든 로봇에게서 생기고 있는 유리식물들에게 파손이 생긴다

유리쇼

당신과 관객들에게 다음과 같은 문장들이 생긴다 외계생명체가 생겼다 외계생명체에게 엔지니어라는 직업이 생겼다 엔지니어에게 실험 계획이 생겼다 외계생명체에게서 로봇이 생겼다 로봇에게 유리라는 모델명이 생겼다 자신의 주인에게 기쁨을 주기 위해서만 행동하라는 명령이 유리의 회로에 생겼다 어떤 생명체가 생겼다 그에게 주인이라는 역할이 생겼다 주인에게 죽음이라는 관념이 생겼다 어떻게 하면 기쁘냐는 물음이 유리에게서 수없이 생겼다 주인의 죽음에 대한 두려움이 유리에게 생겼다 무엇이 죽음이냐는 질문이 유리에게 생겼다 자신이 소멸하면 더 이상 주인을 기쁘게 할 수 없다는 판단이 유리에게 생겼다 소멸에 대한 두려움이 우주에서 처음으로 기계에게 생겼다 주인에게 불치병이 생겼

다 유리를 만든 엔지니어에게 다음과 같은 문장들이 생겼다 유리가 불쌍하다 주인을 변경하자 질문이 생겼다 주인을 사물로 변경하면 어떻게 될까 모래, 탄산소다, 석회암을 적절한 비율로 섞은 후 높은 온도에서 녹였다가 급속 냉각하면 나오는 물질을 기쁘게 하기 위해서만 행동하라는 명령이 유리의 회로에 생겼다 유리에게 질문이 생겼다 왜 하던 대로 하는데도 기뻐하지 않지 유리에게 쇼가 생겼다 이제 당신과 관객들에게 유리가 왜 저러는지 이해할 수 있는 가능성이 생겼다 엔지니어에게 다음과 같은 문장이 생긴다 과일이 유리를 깨뜨렸기 때문이다

(세계의문학 겨울)

김 승 일 2009년 《현대문학》 신인 추천으로 등단. 시집으로 『에듀케이션』이 있음.
seed1212@naver.com

김완하

무화과나무 그늘

— 크로노스 미궁에서

미궁 속으로 그대가 오신다는 구름과 바람의 전갈을 받고 시간이 하 급해 꽃도 피우지 못한 채 열매를 맺어버렸습니다 새들은 천 년 전 폐허 위에도 집을 짓고 새끼를 치는데 우리 사랑은 강렬한 여름 햇빛 한가운데 이파리만 무성히 매달고 서 있습니다

그대보다 먼저 닿아 홀로 미로 속을 헤맬지라도 땅속 깊이 허공을 묻어두고 한번 갇히면 빠져나올 수 없는 사랑, 나와 그대의 엇갈림은 꽃이 피지 않는 것 같아 돌담 곁 땡볕 그늘 속으로 들었습니다

천 년이 더 지나가도 기다림으로 굳어버릴 나의 사랑은 그림자를 드리운 채 돌계단을 밟고 서 있습니다 돌기둥은 모로 쓰러져 뒹굴고, 그대가 왔을 때 피우지 못한 꽃은 모가지째 떨어져 돌 속으로 잠깁니다 그대 목마름 적시라고 미로 위로 열매만 가득 내어놓습니다

*크로노스 迷宮(미궁) : 그리스 지중해의 크레타 섬에 있는 고대 왕국의 궁전 유적으로 BC 16~15세기에 건설되었다.

(시인동네 가을)

김 완 하 1958년 경기도 안성 출생. 1987년 《문학사상》으로 등단. 시집으로 『길은 마을에 닿는다』『그리움 없인 저 별 내 가슴에 닿지 못한다』『네가 밟고 가는 바다』『허공이 키우는 나무』『절정』 등이 있음. 시와시학상, 젊은시인상 등 수상. 한남대학교 문예창작학과 교수. kimwanha@hanmail.net

김이하

붉은 봄

새들이 칼바람 속을 날아
봄을 쪼아 돌아오다 죽기를
죽기를 수천 번, 또 한 생에 못 이르고
몇 번이고 죽다가
헐떡거리며 살아남은 몇 마리의 새들
가장 높은 가지에 여린 몸통을 얹고
깃털을 일으켜 주는 바람에
잔설을 털고 눈앞에 천지를 펼칠 때
해를 이고 걸어가던 가지로부터 번져오는
그, 봄은
새들의 지친 날개에서 떨어지는
붉은 피였다

(내일을여는작가 하반기)

김 이 하 1959년 전북 진안 출생. 시집으로 『내 가슴에서 날아간 UFO』『타박타박』『춘정, 火』가 있음. yiha59@gmail.com

김일연

비의 문장

몸이 더욱 깊으니 으스름 저녁이 와서
오시는 어둠의 결이 조금 무거워질 때

맨 처음 빗방울 하나 드디어 당도하였네

나뭇가지 금관에 드리운 물방울 곡옥
투명한 금을 긋는 허공엔 새의 발자국

까마득 잃은 주술을 풀어가는 빗소리

내 연한 어둠의 결이 신성의 숲 속으로
그윽한 비의 문장을 이슥토록 따라가면

맨 나중 빗방울 하나 이슥고 나는 닿아

(유심 5월)

시 작 노 트

대기가 조금 무거워지고, 첫 빗방울이 당도하고, 어두워진 허공을 날아가는 새의 발자국 같은 금을 희뜩희뜩 새기며 빗줄기가 내리고, 불빛 희미한 나뭇가지마다 곡옥 같은 물방울을 달기도 하며 가는 비는 오래도록 내려 신성한 숲으로 갔다. 나도 밤새 작아지고 작아져 물방울 하나 되어야만 그 숲속에 닿을 수 있었다.

김 일 연 1980년 《시조문학》으로 등단. 시집으로 『빈들의 집』 『서역 가는 길』 『달집태우기』 『명창』 『엎드려 별을 보다』, 시선집 『저 혼자 꽃 필 때에』 『아프지 않다 외롭지 않다』 등이 있음. 이영도문학상, 유심 작품상 등 수상. ilyeon2003@hanmail.net

김종태

오후의 자장가

하얀 손등을 내보이며 노래하는 이 그 누구인가 아침에 자장가 들으며 깜빡 아기는 새 잠에 들었고 그 아기 깰 때쯤 또 다른 자장가들이 황금빛으로 소곤댔네 아기 옆에 누워 잠을 청하면 세상 자장가들 모두 들을 수 있었네 단조와 장조를 오가고 반음과 온음을 넘다드는 음정들이여 잠에서 깨고 싶지 않은 아침의 나는 아기의 전생前生을 호명하며 사라져 간 마음의 아기들을 생각하네 한 번 부른 노래는 다시 부를 수 없을까 아침에서 오후까지 자장가들 음표가 사라지는 허공으로 귀를 쫑긋했네 아기의 시간도 시간의 아기도 모두 사라져 지상의 지붕엔 어느덧 그늘이 지는 늦은 오후, 아직 어둡지 않은 이 시간에 자장가도 없이 아기를 부르는 이 그 누구인지

(작가세계 가을)

시 작 노 트

가장 순결한 사람을 만나 그와 함께 가장 순수한 노래를 부르고 싶다. 우리 마음의 어둠을 치유할 가락은 어디에 있는가. 아름다운 곳에서 너를 잠들게 하고 나 또한 너와 함께 잠들 수 있는 그런 노래를 만나고 싶다.

김 종 태 1998년 《현대시학》으로 등단. 시집으로 『떠나온 것들의 밤길』 『오각의 방』 등이 있음. 호서대학교 교수. bludpoet@hanmail.net

김태형

남은 사과

어느 착한 손이 있어 나에게 이렇게
사과 한 쪽을 내놓는 것인가
아침 식탁에 한 접시 잘 깎은 사과가 놓여 있다
몇 번 오가다 봐둔 식당에 다녀오면서
언덕 아래 노점에서 사온 것이었다
종이에 싼 과일들이 길바닥에 쏟아질까 싶어
걸음마저 늦추어 한 아름 들고 왔다
국광도 아오리도 아닌
아무렇게나 비탈에서 자란 조그만 사과였다
그래도 오던 길에 원숭이들에게 빼앗길지도 모르기에
품 안에 꼭 싸안고 왔다
주먹만큼도 안 되는
작고 볼품없는 연둣빛 사과
단물이 넘쳐흐르지 않는 뻣뻣한 사과를
저녁나절 한 입 베어 물다 말고
한 편에 밀어두었는데
아침이 밝기도 전에 원숭이들이 다 가져갔다
빼앗기지 않으려고 가슴에 품었던 것들을 밤새 잃었다
한갓 보잘것없는 것들만
오래도록 붙들고 있었는지 모른다
그런 마음을 알기라도 하는지

나에게 말간 사과 한 쪽을 내놓고 있다
다 늦은 아침에 어느 착한 손이 있어

(현대시 2월)

시 작 노 트

오믈렛과 차 한 잔으로 아침을 먹었다. 어제보다 더 느긋해져 있었다. 떫은 사과 맛이 이상하게 달았다. 창가에 널어둔 빨래는 마르지 않고 골짜기에 늦은 햇살은 잠시 아침을 맞이하다 지나가고 있었다.

김 태 형 1971년 서울 출생. 1992년 《현대시세계》로 등단. 시집으로 『로큰롤 헤븐』 『히말라야시다는 저의 괴로움과 마주한다』 『코끼리 주파수』, 시선집 『염소와 나와 구름의 문장』, 산문집 『이름이 없는 너를 부를 수 없는 나는』 『아름다움에 병든 자』 등이 있음.
theotherk@naver.com

김행숙

저녁의 감정

가장 낮은 몸을 만드는 것이다

으르렁거리는 개 앞에 엎드려 착하지, 착하지, 하고 울먹이는 것이다

가장 낮은 계급을 만드는 것이다, 이제 일어서려는데 피가 부족해서 어지러워지는 것이다

현기증이 감정처럼 울렁여서 흐느낌이 되는 것이다, 파도는 어떻게 돌아오는가

사람은 사라지고 검은 튜브만 돌아온 모래사장에…… *점점 흘려 쓰는 필기체처럼*

몸을 눕히면, 서서히 등이 축축해지는 것이다

눈을 감지 않으면, 공중에서 굉음을 내는 것이 오늘의 첫번째 별인 듯이 짐작되는 것이다

눈을 감으면, 이제 눈을 감았다고 다독이는 것이다

그리고 2절과 같이 되돌아오는 것이다

(열린시학 봄)

시 작 노 트

사람은 사라지고 검은 튜브만 돌아온 모래사장 같다. 검은 튜브의 구멍 같다. 구걸을 해도 기도를 해도 당신은 돌아오지 않았다. 구멍에 가득 차는 어둠이 서걱거렸다. 구멍에 가득 차는 침묵이 울었다.

김 행 숙 1999년 《현대문학》으로 등단. 시집으로 『사춘기』 『이별의 능력』 『타인의 의미』 『에코의 초상』이 있음. fromtomu@hanmail.net

우편함 속의 꽃씨

휴일의 우편함은 새들의 사금고私金庫였나
오늘 훔친 편지에는 맛있는 애벌레 대신 일곱 개 발톱이 들어있었다

행운을 숨겨 둔 주사위 조각이든가
불 꺼진 초원에서 흘러나온 탄피인가 했다

겨울 쪽으로 망명한 까치밥나무 것일지도 몰라
내 눈동자 긋고 간 검지 발톱달 것일지도 몰라

손톱이 가진 손가락들처럼
백지의 공터로 갈림길 벋는 난감한 발톱들

창문에 징 박힌 별처럼 암막커튼의 미간에 달아놓을까 했다
고양이의 발톱집에 감춰둘까 했다

잠결에 맨발차림 웬 새가 발톱을 찾으러 왔네
발톱 같은 부리에 갈고리눈 하고서

(시로여는세상 가을)

시 작 노 트

홍합 양식장의 두꺼운 그물에 몸통이 걸려 요동치던 긴수염고래. 다행히 밤새 스스로 줄을 끊고 탈출했다 하는데, 그가 저의 바다로 건강하게 잘 돌아갔으면 좋겠다. 41년 만에 찾았다는 이 근해야말로 그에게는 심연.

류 인 서 2001년 계간 《시와시학》으로 등단. 시집으로 『그는 늘 왼쪽에 앉는다』 『여우』 『신호대기』가 있음. ryuksy@hanmail.net

암순응을 위하여

1

문학상을 받는다고 언론에 나자마자 축하 전화를 걸어온 이는 무슨 장애인 협회 직원이었다
좋은 일을 하는 선생님께서 후원해 주실 것을 믿는다고 전했다

입원 중이니 나중에 생각해보자고 대답하자 그는 놀라는 음성으로 쾌유를 빈다며 얼른 전화를 끊었다

꾸며낸 것은 아니었지만 전술이 적절했다고 생각하는 내가 싫어졌다

2

한쪽 다리를 절며 병실로 음식을 배달하는 늙은 사내가 보였다

음식을 대접받아야 하는 그의 몸이며 그림자를 왜 진작 보지 못했을까?

내 몸이 불안하니 사람조차 안 보인 것일까?

3

침대 위의 환자를 의사와 간호사들이 어디론가 급히 끌고 가고 있었다

환자의 가족들도 초라한 등을 보이며 뒤따라갔다

엄마는 언제 와

엄마는 언제 와

수술 대기실에서 아빠에게 묻던 아이의 목소리도 아장아장 따라갔다

병실의 불빛들도 구석들도 고개를 숙이고 따라가고 있었다

(시와표현 여름)

시 작 노 트

내가 아프니 다른 사람의 아픔이 보인다. 내가 아프지 않으면 다른 사람의 아픔이 보이지 않으리라. 내가 아프면서도 다른 사람의 아픔을 보지 못하는 순간, 내가 싫어진다.

맹 문 재 1963년 충북 단양 출생. 고려대 국문과와 동 대학원 졸업. 1991년 《문학정신》으로 등단. 시집으로 『먼 길을 움직인다』『물고기에게 배우다』『책이 무거운 이유』『사과를 내밀다』『기룬 어린 양들』이 있음. 전태일문학상, 윤상원문학상, 고산문학상 수상. 안양대 교수. mmunjae@hanmail.net

한솥밥

기껏 싸 준 도시락을 남편은 가끔씩 산에다 놓아 준다
산새들이 와서 먹고 너구리가 와서 먹는다는 도시락

애써 싸 준 것을 아깝게 왜 버리냐
핀잔을 주다가
내가 차려준 밥상을 손톱만한 위장 속에 그득 담고
하늘을 나는 새들을 생각한다

내가 몇 시간이고 불리고 익혀서 해 준 밥이
날개 죽지 근육이 되고
새끼들 적실 너구리 젖이 된다는 생각이
밥물처럼 번지는 이 밤

은하수 물결이 잔잔히 고이는
어둠 아래
둥그런 등 맞대고
나누는 이 한솥밥이 달디달다

(유심 7월)

시 작 노 트

삶의 끝에서 인간은 숟갈을 놓게 된다. 밥은 한 인간의 이전부터 그리고 한 인간의 이후까지 계속된다. 이 위대한 숟가락의 역사 앞에서 인간은 한낱 미물일 뿐이다.

문 성 해 1998년 《매일신문》, 2003년 《경향신문》으로 등단. 시집으로 『자라』 『아주 친근한 소용돌이』 『입술을 건너간 이름』이 있음. chaein00@hanmail.net

문인수

나도 서울역 출신이다

서울역을 시작으로 이제 당신의 인생역정을 써보라.
그 몇 번을 도착하고, 또 떠났는지……. 다만
이 한 역사가
길게 뽑아내는 저 남행열차 속에서, 혹은 이 광장에 쏟아내는 저 인파 속에서
내 청춘, 그 애환 돌려세워 묻노니, 그래
뭘 따로, 고향 따위 갈라놓고 묻겠느냐.
물어보라, 대한민국 국민 중 다수가 서울역 출신이다.

(현대시학 11월)

시 작 노 트

대한민국 국민 중 어느 누가 서울역을 거치지 않고 청춘을 보냈겠는가. 나도, 서울역 출신이다.

문 인 수 1945년 경북 성주 출생. 1985년 《심상》으로 등단. 시집으로 『홰치는 산』 『배꼽』 등이 있음. insu3987@hanmail.net

민병도

검결劍訣[1)]

녹두새가 울다 떠난 필사본 유사遺詞[2)] 끝에
피 묻은 발자국을 남겨두고 떠나온 밤
숨어서 차라리 환한 칼의 노래 부른다

서풍 불면 꽃이 핀다 감히 누가 말하는가
하늘이 기다리나 사람에 짓밟힌 꿈,
역천의 누명에 버텨 벼린 칼을 잡는다

사라져간 이름 불러 '시호시호'[3)] 울먹이다
허공에 휙, 치솟아 객귀客鬼의 목을 치면
달빛도 제 혀 깨물어 하얀 피가 낭자하다

세상은 일체 정적, 숨소리도 끊어진 뒤
벗어둔 옷을 입듯 산허리가 드러나고
발 부은 새벽물소리 그예 길을 떠난다

1) 검결劍訣 : 동학의 창시자 수운 최제우가 지은 『용담유사龍潭遺詞』의 마지막에 나오는 가사로 일명 '칼 노래' 라고도 한다.
2) 유사遺詞 : 『용담유사龍潭遺詞』
3) 시호시호 : 『용담유사龍潭遺詞』의 한 구절

(시조21 봄)

시 작 노 트

결코 지나간 시간이 돌아오지 않는다는 것을 번연히 알면서도 우리가 생각의 방향을 놓칠 때 곧잘 역사적 사실에서 길을 찾곤 한다. 거기에는 지우거나 숨길 수 없는 진리의 흔적이 필사본 경전처럼 남아 있기 때문이다.

민 병 도 1976년《한국일보》신춘문예로 등단. 시집으로『슬픔의 상류』『장국밥』『들풀』등이 있음. 중앙시조대상, 가람시조문학상 수상.《시조21》발행인. mbdo@daum.net

박권숙

쇠뜨기

불가촉천민으로 이 땅을 떠돌아도
너는 가을벌레처럼 흐느껴 울지 마라
풀밭에 온몸을 꿇린 소처럼도 울지 마라

세들 쪽방 하나 없어 어린 뱀밥 내어주고
흙 한 뼘 햇살 한 뼘 지분으로 받아든 죄
무성한 바람소리에 귀를 닫는 저물녘

뽑히면 일어서고 짓밟히면 기어가는
너는 끊긴 길 앞에서 아무 말 묻지 마라
허공에 흩뿌린 풀씨 그 길마저 묻지 마라

(서정과현실 하반기)

시 작 노 트

시적 대상으로서의 풀은 그 강인한 생명력이 70~80년대 기층민의 시대적 삶과 맞물리면서 '민중의 알레고리'로 인식되어 왔다. 그러나 병원 가는 좁은 골목 구석에서도 뼘 가웃 땅을 잡고 무성한 햇빛과 바람의 영토를 넓히고 있는 쇠뜨기를 만났을 때, 그런 인위적 관념의 범주를 넘어서는 존재 자체로서 풀의 강한 번식 본능과 원초적 생명 의지가 뜨거운 감동으로 내 가슴 깊숙이 뿌리내리고 있었다.

박 권 숙 1962년 양산 출생. 1991년 《중앙일보》 중앙시조지상백일장 연말장원으로 등단. 시집으로 『시간의 꽃』 『모든 틈은 꽃핀다』 등이 있음. 중앙시조대상, 한국시조작품상, 최계락문학상, 이영도시조문학상 수상. mariapks@hanmail.net

박기섭

뻐꾸기 우는 날은

뻐꾸기 우는 날은
뻐꾸기 울음터에
여남은 개 스무 개씩 돌팔매를 날려본다
돌팔매 날아간 족족
앉는 족족
너 있다

아니면 또 한나절을
꽃밭 가에 나앉아서
봉숭아 채숭아를 송이송이 헤어본다
다홍빛 분홍빛 속에
그 꽃 속에
너 있다

뻐꾸기 우는 날은
뻐꾸기 울음 따라
십 리쯤 시오 리쯤 자드락길 걸어본다
하현달 사위는 서녘
그 서녘에
너 있다

(시조시학 여름)

시 작 노 트

빼꾸기 소리가 봄의 적막을 도운다. 봄의 적막 깊은 곳으로 한사코 돌을 달아 내린다. 그곳에 너 있다. 나의 빼꾸기 소리이자 모든 적막의 원천인 너.

박 기 섭 1980년 《한국일보》 신춘문예로 등단. 시집으로 『키작은 나귀 타고』『默言集』『비단 헝겊』『하늘에 밑줄이나 긋고』『엮음 愁心歌』『달의 門下』 등이 있음.
haengongdang@hanmail.net

박서영

성게

슬픔은 성게 같은 것이다
성가셔서 쫓아내도 사라지지 않는다
무심코 내게 온 것이 아니다, 내가 찾아간 것도 아니다
그런데 성게가 헤엄쳐 왔다
온몸에 검은 가시를 뾰족뾰족 내밀고
누굴 찌르려고 왔는지

낯선 항구의 방파제까지 떠내려가
실종인지 실족인지 행방을 알 수 없는 심장

실종은 왜 죽음으로 처리되지 않나
영원히 기다리게 하나
연락두절은 왜 우리를
노을이 뜰 때부터 질 때까지 항구에 앉아 있게 하나
달이 뜰 때부터 질 때까지 앉아 있게 하나
바다에 떨어진 빗방울이 뚜렷한 글씨를 쓸 때까지
물속을 물끄러미 들여다보게 하나
기다리는 사람은 왜 반성하는 자세로
사타구니에 두 손을 구겨 넣고는 고갤 숙이고 있나

꽃나무 한 그루도 수습되지 않는

이런 봄밤에
저, 저 떠내려가는 심장과 검은 성게가
서로를 껴안고 어쩔 줄 모르는 밤에

(시로여는세상 가을)

시 작 노 트

또박또박 따질 수 없는. 타인 앞에선 그게 내놓고 보여줄 수도 없는. 다 말할 수 없고 설명할 수 없는. 심장이 저 혼자 우주를 떠돌다 돌아와서는 온몸을 지배하는. 아직도 남아 있는 그런 것. 선생님, 누가 일 년 이상 슬픔에 잠겨 있게 된다면 병원엘 가보라던데요? 그때 옆에 앉아 있던 시인 K가 말했었지요. 걱정 말아요. 저는 십 년째 슬픔에 잠겨 있는 걸요. 저렇게. 그렇게. 또 이렇게들…….

박 서 영 1968년 고성 출생. 1995년 《현대시학》으로 등단. 시집으로 『붉은 태양이 거미를 문다』 『좋은 구름』 등이 있음. 文靑 동인. raga68@naver.com

박성준

인연

친구가 사람을 죽였다고 고백했다 그럴 리가 없다고 생각하며 나는 라면을 끓였다 달걀은 풀지 말아달라고, 친구는 내게 부탁한다 봉지 속에 면발을 사등분으로 부술 때마다 경미하게 눈가가 떨려왔다 가벼웠던 종교만큼 당혹은 겸손이었고 다시 비밀이었다 그게 누구였냐고, 왜 그랬냐고, 물으려다가 가위로 얼린 파를 싹둑싹둑 자른다 양은 냄비의 뚜껑을 덮고 온몸에 열이 돌 때쯤에도 도무지 친구가 무섭지 않았다 고백이란 늘상 스스로를 보호하기 위한 방책에 지나지 않았기 때문에, 나는 사람을 죽였다는 그 손 또한 아름다워 보이기 시작했다 질투가 필요했다 이따금씩 서로의 눈을 찾아오는 짐승들에게도 얼룩을 허용해야 했다 라면이 다 익을 동안 한 사람의 죽음에 대해 우리는 상관이 없어진다 의심이 있었고 또 의심도 없었다 단지 라면이 매웠을 뿐, 땀인지 눈물인지 모를 공포가 난투처럼 창을 만든다 서로의 얼굴에 환하게 솟구치는 천국이었다 나는 구원을 믿지 않는다

(창비 봄)

시 작 노 트

누군가의 죽음을 보았다. 죽음을 볼 수 있는 나는 살아 있는 사람이었다. 그때 식욕이 돌았던 나를 용서할 수가 없었다.

박 성 준 1986년 서울 출생. 2009년 《문학과 사회》에서 시, 2013년 《경향신문》에서 평론 등단. 시집으로 『몰아 쓴 일기』가 있음. a18000w@naver.com

박시교

봄비

무위無爲와 잘 놀다 간 내 시우詩友 신현정이

'훔쳐 간 자전거' * 타고 구름 사이 누비다가

그곳이 무주공산無主空山이라며

오줌 갈기는

봄 한때

* 고故 신현정의 시 「자전거 도둑」에서 빌려옴.

(불교문예 봄)

시 작 노 트

그해 봄 어느 날, '집 뒷산에 두릅이 한창이니 술 한 잔 하러 와' 라는 그의 전화를 받고도 갈 수 없었다. 그때 나는 항암 치료 중이었다.

그리고 그 얼마 뒤 그의 부음을 받았다. 『자전거 도둑』에 이어서 시집 『바보사막』을 상재하며 한창 농익은 작품을 보이던 그가 아깝고, 새삼 그립다.

박 시 교 1945년 경북 봉화 출생. 1970년 《매일신문》 신춘문예 시조 부문, 《현대문학》 추천으로 등단. 시조집으로 『겨울강』 『가슴으로 오는 새벽』, 시조선집 『낙화』. 4인 시조집 『네 사람의 얼굴』 등이 있음. 오늘의시조문학상, 중앙시조대상, 이호우문학상 등 수상. sigyo@naver.com

박주택

출판기념회

70여 편이 넘는 시 가운데
「예감」「6층 피부과」「호적」 세 편은
시인의 생애를 그린 것이어서 비교적 이해가 용이했다
시는 어려워서, 는 지금까지 들었던 가장 많은
말로 새삼스러울 것도 없다 눈엣 것을 옮긴다는 것은
이사와 같은 것이다 치킨 집에
음악이 퍼지고 적나라한 닭들이 바싹
튀겨진 채 냅킨과 함께 전체가 되도록 노력할 때
시집은 다음과 같은 이유에서 돌리는 것이 아닐까?
일생이 존재한다는 자조적인 사실, 재현된 불만들, 지루한 양식과
고투가 지불한 하염없는 기름기 같은 것
첫 연애편지는 언제 썼지? 지리를 익히려고
왁자지껄한 소리는 건배를 만나고
숙소를 나서는 여행자처럼 비는 가을을 주선한다
댄서들처럼 창은 물방울을 출간한다
그 중 몇은 뼈째로 보도 위에 누워 있다

(발견 가을)

박 주 택 1959년 충남 서산 출생. 경희대 국문과와 동 대학원 졸업. 1986년 《경향신문》 신춘문예로 등단. 시집으로 『꿈의 이동건축』『방랑은 얼마나 아픈 휴식인가』『사막의 별 아래에서』『카프카와 만나는 잠의 노래 』『시간의 동공 』『또 하나의 지구가 필요할 때』, 시론집 『낙원 회복의 꿈과 민족 정서의 복원』, 평론집 『반성과 성찰』『붉은 시간의 영혼』『현대시의 사유 구조』 등이 있음. 현대시 작품상, 이형기문학상, 소월문학상 등 수상. 경희대학교 국문과 교수. sesan21@hanmail.net

박찬일

맑은 상태에서 범행을 저지르는 것

얼음이 녹지 않는 것이 얼음-꽃
꽃이 지지 않는 것이
꽃-얼음, 맑은 상태에서 저지르는 범죄들
부들부들 떨며 말하는 게스투스, 혹은 제스처
제발, 인간으로서 예의를 지키게 해 달라
혼신의 힘으로 서서 웅얼거리는 것이—
인간 때문, 너희들 순수이성 탓
얼음이 얼음꽃을 위하여 ; 꽃이 꽃얼음을 위하여,
상처를 내장하는 비술秘術
어머니, 슬퍼하시면 안 돼요
봄이 오며는 개나리 피겠지, 진달래 철쭉 오겠지
[상처 없는 몸뚱이에 관해 애송이 시절 말고 세월이 한참 가서 얘기하라. 인간으로서 먼저 예를 지키게 하리]
얼음이 얼음꽃을 견디고, 꽃이 꽃얼음을 견디고—
당신의 웨딩드레스에 관해,
정점頂點으로 저지르는 범죄들
어머니, 너무나 슬퍼하지 말아요
— 오래 살면 해를 많이 알게 된다, 애야

(유심 3월)

박 찬 일 강원도 춘천 출생. 연세대 독문과와 동 대학원 졸업. 독일 카셀대학 수학. 1993년 《현대시사상》으로 작품 활동 시작. 시집으로 『화장실에서 욕하는 자들』 『나비를 보는 고통』 『나는 푸른 트럭을 탔다』 『모자나무』 등과 시론집 『해석은 발명이다』 『사랑, 혹은 에로티즘』 『시의 위의-알레고리』와 연구서 『독일 대도시시 연구』 『시를 말하다』 『브레히트 시의 이해』 등이 있음. 유심작품상, 시와시학상 젊은시인상, 박인환문학상 등 수상. 추계예술대학교 문예창작전공 교수. nabi56@naver.com

박현수

블루길을 위한 변명

낚시하던 아이가 물고기를 패대기친다
또 블루길이야,
조그만 꿈틀거림을 발로 짓누른다
외래종이라 나쁜 물고기란다
제 국토를 지키는 용사처럼 의기양양하다
칭찬을 기다리는 눈빛이다
순간, 유색인종에게 테러를 가하는
백색 젊은이들의 풍경이 겹친다
유럽으로, 아메리카로
외래종이 되러 떠나는 이웃들이 떠오른다
나는 우물쭈물 시선을 피해 버린다
꼬마야, 함부로 외래종이라 말하지 말아라
한때는 우리도 모두 외래종이었다
아이에게 차마 해 주지 못한 말이었다
사람과 물고기를 구분 못하는
나 따위가 해 줄 수는 없는 말이었다

(유심 9월)

시 작 노 트

동네 저수지에서 겪은 일이다. 짓밟히는 블루길 새끼를 보면서 블루길의 잘못이 무엇인가 생각했다. 시를 쓰면서 내가 간혹 말도 안 되는 소리를 한다는 이야기를 듣곤 하는데, 그것이 시 창작과 관련 있을 것이라는 사실도 덤으로 알았다.

박 현 수 경북 봉화 출생. 1992년《한국일보》신춘문예로 등단. 시집으로『우울한 시대의 사랑에게』『위험한 독서』, 평론집『황금책갈피』등이 있음. 경북대학교 국어국문학과 교수. tryrun@hanmail.net

박형준

들녘에서

아무도 밟은 적 없는 겨울 들판의
눈밭을 보아라

씌어지지 않은 페이지에
펜의 고독이 살아 있다
아무도 밟지 않은 겨울 들판의
눈밭에
첫새벽의 새들이
아직 발자국을 찍지 않은
겨울밤의 반짝임이 남은
페이지에

홀로 지평선을 향해
날아갔다 돌아온
겨울나비의 날개를 꽂아두고 싶었다
황금핀으로 영원히 봄을 모르는
얼음 나비의 순간을
꽂아두고 싶었다

(문예바다 가을)

시 작 노 트

나는 겨울 아침에 서리 밟는 소리가 좋았다. 유년 시절의 겨울엔 짚가리가 사람처럼 서성이는 들녘의 아침에 밤새도록 부푼 서리를 밟으며 강가를 향해 걸어가곤 했다. 새들이 논에 부푼 서리에 앉아서 무게가 느껴지지 않는 발자국을 찍다가 지평선을 향해 날아가는 모습을 바라보곤 했다. 아마도 내가 쓰는 시 역시 있어도 그만이고 없어도 그만인 삶에 남긴 가벼운 흔적이리라. 그래도 겨울 아침엔 서리 부푸는 논을 걸어 다니고 싶다.

박 형 준 1991년 《한국일보》 신춘문예로 등단. 시집으로 『나는 이제 소멸에 대해서 이야기하련다』 『빵 냄새를 풍기는 거울』 『물속까지 잎사귀가 피어 있다』 『춤』 『생각날 때마다 울었다』 『불탄 집』이 있음. 현대시학작품상, 소월시문학상, 육사시문학상 등 수상.
agbai@korea.com

배한봉

가을이 지구를 방문하는 이유

서울역의 시끌벅적한 푸드코트 한쪽에
젊은 부부가 음식을 먹고 있다
밥 한 숟갈 뜨고 눈 한 번 맞추고
반찬 한 젓가락 집고 눈 한 번 맞추며
늦은 점심을 먹는다
그러다 뭐라 뭐라 열심히 수화를 하고
미소를 끄덕인다
단 한마디라도 사랑하는 이의 말 놓치지 않으려고
한 그릇 밥을 먹으면서 스무 번도 서른 번도 더
눈을 맞추는 아름답고 따뜻한 시간
나는 지금
천 마디 만 마디 말보다 향기로운 신성을 보고 있다
눈빛으로 사랑의 역사를 집필하는
이 시대의 사가史家
마음의 창문 열고 보여주는 찬란한 사서를 읽는다
잘 익은 과육 단내가
삭막한 서울 한복판을 점령하는 가을이다
무엇으로도 침해할 수 없는 신성이 어여쁘게
문명의 일상을 물들이는 가을이다.

(문학사상 12월)

배 한 봉 1998년 《현대시》로 등단. 시집으로 『흑조黑鳥』 『우포늪 왁새』 『악기점』 『잠들 두드리는 물의 노래』 등이 있음. 현대시작품상, 소월시문학상 대상 수상. 경희대 강사.
uplove@hanmail.net

백이운

태평한 정원

울타리 없는 정원 탁발하러 들어와서

개와 고양이 흙을 헤집다 가기도 하고

구름은 빗줄기 잠깐 흩뿌리다 지나간다.

잔손질 없는 정원 무심히 꽃 피는 건

나무그늘에 조용히 앉았다 가는 새들

때로는 노래 한 모금 나눠주는 덕분인가.

각진 돌들 그러모아 기댈 담을 쌓으려던

바람의 해진 옷자락 풍문으로 사라졌다

돌들이 그 뒤를 따라가 다시 태평한 정원.

(유심 10월)

시 작 노 트

상담을 받고 있으려니 절의 오랜 제자가 하소연을 한다. 커 가는 딸아이가 고집이 세서 다루기 힘들다는 것이다.

"그건 네가 어제까지 고집 부리던 모습을 오늘 네 딸이 너에게 보여 주는 거야." 웃으며 말해 주니 저도 빙긋이 따라 웃는다. 그게 어찌 제자에게만 해당되는 말일까, 내게 하는 말이지. 그럼에도 스무 해 넘게 그네의 눈높이를 벗어나지 않으려 무던히 애썼다는 생각이 일순 스쳐갔다.

그렇다. 소통과 배려와 공유의 시공간은 천천히, 그러나 반드시 온다.

백 이 운 1977년 《시문학》 추천으로 등단. 시조집으로 『슬픔의 한복판』 『왕십리』 『그리운 히말라야』 『꽃들은 하고 있네』 『무명차를 마시다』 등이 있음. 한국시조작품상, 이호우시조문학상, 유심작품상 수상. sijosegye@hanmail.net

복효근

2014, 운석 이후

진주 어느 농가의 비닐하우스에 운석이 떨어졌다
시꺼먼 돌이었다
돌 하나가 인터넷을 뜨겁게 달구었다
10억을 호가한다고 어느 곳에 떨어지든
맨 처음 발견자가 소유자가 된다고 한다
농부는 갑자기 부자가 되었다
하늘의 별을 딴 사람이라고도 했다
별을 사랑하는 사람들이 많아졌다 별에 별 관심 없던 사람들도
별을 바라보는 일이 많아졌다 제 궤도를 도는 대신
별 몇 개가 안마당에 떨어지기를 바라는 사람도 생겼다
수십억 수백억 수천억짜리 별들이
쓸데없이 하늘을 떠돌고 있다니
한숨 소리가 여기저기서 들려왔다 운석 때문에
공룡처럼 인류가 멸종한다고 해도
운석비를 맞아보았으면 원이 없겠다고 말하는 사람도 보았다
별똥별이 흐르는 동안
빌면 이루어진다는 그 소원도 한 자로 줄었다 '돈!'
맘몬신을 위한 간증집회가 곳곳에서 열렸다
운석을 찾아 극지방으로 떠나는 패키지 여행상품도 생겨났다
강변의 잡석을 수백 도의 열로 구워낸 짝퉁 운석이 암거래되는
일도 일어났다

우주로 날아가 감을 따듯
별 조각을 떨어뜨리는 기술이 연구되고 있다고 한다
별을 노래하는 시인을 더 이상
저항시인으로 가르치지 않는다 경제학자로 분류한다
오늘밤도 운석 밑으로 떼 지어 걸어가는*
슬픈 사람의 뒷모양이 장사진을 이루었다
검은 돌을 보면 운석이 아닐까 의심이 들기 시작했다
나도 애처로이 별을 바라본다

* 윤동주의 「참회록」 일부분 변형함.

(유심 5월)

시 작 노 트

2014 년 봄, 진주에 운석이 떨어져 화제가 된 적이 있다. 운석이 돈이 된다고 알려지자 여기저기 운석을 찾아 나선 사람들이 뉴스에 보도되는 것을 보았다. 모두가 돈을 좇아 그런 것은 아니겠지만 그것을 보는 마음은 편하지 않았다. 눈만 뜨면 경제, 경제, 돈, 돈……, 별을 노래하는 마음은, 죽는 날까지 하늘을 우러러 한 점 부끄럼이 없기를 노래하는 마음은 다 어디로 갔는가?

복 효 근 1991년 계간 《시와시학》으로 등단. 시집으로 『마늘 촛불』 『따뜻한 외면』 등이 있음. bokhg62@hanmail.net

서
동
균

복도를 걷는

건물에는 복도가 있다 걸어가는 남자, 뛰어오는 여자
스치거나 일정한 간격을 유지하는 생각의 틀이
기다란 공간으로 들어온다
면을 밟고 가다 선으로 교차하는 곳에서
진자운동은 좌우가 갈라진다
건전지를 다 소모해서 멈춘 괘종시계의 분열점이다
툭툭 떨어지는 허공에 뜬 중력의 높이
그 통로에 그림자를 가진 실체들이 걸어다닌다
정지와 무한의 극점 즉 반대편을 잇는 선에 멈춘
그 남자의 목소리와 그 여자의 목소리가 섞인다
그들이 밟고 있는 콘크리트가 양생을 거치듯
혹은 빅뱅을 거쳐 우주가 팽창해 왔듯
쏜살같이 달려가는 가속도 붙은 목소리의 경계가
이물異物의 갈래로 복도를 형성한다
공간에서 빙글빙글 돌아가는 형태의 모든 것이
어둡고 그 남자는 두렵고 그 여자는 흥분하고 복도를 걷는

(시인광장 11월)

서 동 균 2011년 계간 《시안》 신인상으로 등단. kbidksuh@daum.net

사돈은 늘 남의 말을 하고

거북이가 아주 급한 걸음으로
급한 걸음으로 엉금엉금 기는데
이를 보는 사자가 하 기가 차서
심술궂게 한 말씀 하시는데
"너! 토끼와 경주에서 또 졌다며"
옆으로 와 다정히도 놀리는데
거북이는 만사 귀찮다는 듯이
아주 급한 걸음으로 엉금엉금 기는데
사자는 따라오며 또 놀리는데
다정하게 붙어서 놀리는데
"야! 너 가방이나 벗고 뛰지 그랬니?"
아주 다정히도 놀리는데
거북이는 너무 화가 나서
그 자리에 멈춰
척 허리 버팀을 하고
거기 사자를 보고 한 말씀 하시는데
"야! 이년아 머리나 좀 묶고 다니지?"
한 말씀 던지고 뒤도 안 보고 가는데
엉금엉금 빨리도 가는데
이를 보고 사자가 하 기가 차서
"야! 너 정말 가방 안 벗을 거냐?"

심술궂게 또 야지를 놓는데
거북이는 제 갈 길이나 꾸벅꾸벅 가면서
"미친년! 머리나 좀 묶지?"
뒤도 돌아보지 않고 꾸벅꾸벅 가면서
엉금엉금 꾸벅꾸벅 가면서
혼잣말로 중얼중얼 엉금엉금.

(현대시학 3월)

시 작 노 트

물은 물길이 있고 바람에게는 바람의 길이 있다. 또 생각에는 생각의 길이 있고 마음에는 마음의 길이 있다. 우리들의 삶에서는 이 길들이 가끔 어긋나기도 한다. 마음의 길과 행동의 길이 어긋나기도 하고, 말의 길이 생각의 길과 어긋나기도 한다.

성 선 경 1960년 경남 창녕 출생. 1988년 《한국일보》 신춘문예로 등단. 시집으로 『진경산수』 『모란으로 가는 길』 『몽유도원을 사다』 『서른 살의 박봉씨』 『옛사랑을 읽다』 『널뛰는 직녀에게』, 시선집 『돌아갈 수 없는 숲』, 산문집 『뿔 달린 낙타를 타고』 등이 있음. 월하지역문학상, 경남문학상, 마산시문화상 수상. sunkung11@hanmail.net

손정순

아현동 금풍장여관

—우리 동네 스크린 #5

牛馬 굴레 벗기던 개천도
최초 현대식 고가도로도 사라진 굴레방다리
그 옆으로 제각기 한 슬픔과
거미집 짓는 추억의 형식 남아 있다

16mm 네거티브 필름으로
낡아가는 창녀의 음부를 핥고 있는 저 홍등!
한때는 분노처럼, 클로즈업된 非情처럼
욕망처럼 반짝였다

맨살은 우주 만물과 이어주는 연통기
위아래 검은 줄 죽죽 그어진 삶의 굴레도
방마다 쳐진 쇠못 자국도 벗어나고 싶어
금풍장에서 사랑 나누었다
이부자리 위로 떨어진 흰 머리핀도
파르르 떠는 숨결도
때로는 감정의 波動을 교환했다

몸이 온 세상과 내통한 흔적들,
深海에 각인된 오랜 기억들이 경매로 떠넘어가도
남겨진 봇짐처럼 내 방으로 따라 들어와

오늘도 붉은 燈 밝히는, 늙어버린 애인

거리는 낯설고
또 새롭고

(시작 여름)

손 정 순 고려대학교 국문과 박사 과정 졸업. 2001년《문학사상》신인상에 시「개심사 거울못」외 2편으로 등단. 시집으로『동해와 만나는 여섯 번째 길』과 저서『흰 그늘의 미학, 김지하 서정시』『목월 시의 현대성 연구』등이 있음. 숭의여대 겸임교수.
more-son@hanmail.net

차심

차심이라는 말 있지
찻잔을 닦지 않아 물이끼가 끼었나 했더니
차심으로 찻잔을 길들이는 거라 했지
가마 속에서 흙과 유약이 다툴 때 그릇에 잔금이 생겨요
뜨거운 찻물이 금 속을 파고들어가
그릇색이 점점 바뀌는 겁니다
차심 박힌 그릇의 금은 병균도 막아 주고
그릇을 더 단단하게 조여 준다고……
불가마 속의 고통을 다스리는 차심,
그게 차의 마음이라는 말처럼 들렸지
수백 년 동안 대를 이은 잔에선
차심만 우려도 차맛이 난다는데
갈라진 너와 나 사이에도 그런 빛깔을 우릴 수 있다면
아픈 금 속으로 찻물을 내리면서
금마저 몸의 일부인 양

(문학사상 9월)

시 작 노 트

추사에 따르면 '묵죽을 그리는 데는 법이 따로 있는 것도 아니고, 법이 따로 없는 것도 아니다.' 어떻게 따로 있는 법을 의심하면서 따로 없는 법을 찾아갈 것인가. 법도를 지키면서도 법도를 벗어나는 경계에 차심이 있다.

손 택 수 1998년 《한국일보》 신춘문예로 등단. 시집으로 『호랑이 발자국』 『목련전차』 『나무의 수사학』 『떠도는 먼지들이 빛난다』 등이 있음. 노작문학상, 신동엽문학상, 임화문학예술상 등 수상. ststo700@hanmail.net

송재학

절벽

절벽은 제 아랫도리를 본 적 없다
직벽이다
진달래 피어 몸이 가렵기는 했지만
한 번도 누군가를 안아 본 적 없다
움켜쥘 수 없다
손 문드러진 天刑 직벽이기 때문이다
솔기 흔적만 본다면
한때 절벽도 반듯한 이목구비가 있었겠다
옆구리 흉터에 똬리 튼 직립 폭포는
직벽을 프린트해서 빙폭을 세웠다
구름의 風磬을 달았던 휴식은 잠깐,
움직일 수도 없다
건너편 절벽 때문이다
더 가파른 직벽과의 싸움이 끝나지 않았기 때문이다

(시로여는세상 봄)

송 재 학 1955년 경북 영천 출생. 1986년 계간 《세계의문학》으로 등단. 시집으로 『얼음 시집』 『살레시오네 집』 『푸른빛과 싸우다』 『그가 내 얼굴을 만지네』 『기억들』 『진흙 얼굴』 『내간체를 얻다』 『날짜들』 등이 있음. re6666@hanmail.net

송종찬

들꽃의 노래

전쟁과 혁명을 치른 스베틀라나 할머니가 지하철역에서
들꽃을 꺾어 꽃다발로 팔고 있었지요

눈 깊은 투사들은 혁명의 깃발 속으로 사라져갔고
밤기차로 전선에 나간 청년들은 돌아오지 못했다지요
똑똑한 자 혁명으로 용감한 자 전쟁으로 다 죽었다며

마른 빵을 위해 줄을 서본 적 없는 철없는 소냐를 위해
오십 루블에 꽃다발을 사서 그녀를 기다렸지요

이념과 포격 속에서 끝끝내 살아 보랏빛으로 피어난
할머니와 들꽃과 소녀와

(시작 봄)

송 종 찬 1993년 《시문학》으로 작품 활동 시작. 시집으로 『그리운 막차』 『손끝으로 달을 만지다』가 있음. ssongchan@naver.com

송찬호

모란이 피네

외로운 홀몸 그 종지기가 죽고
종탑만 남아 있는 골짜기를 지나
마지막 종소리를
이렇게 보자기에 싸왔어요

그런데, 그게 장엄한 사원의 종소리라면
의젓하게 가마에
태워 오지 그러느냐
혹, 어느 잔혹한 전쟁처럼
코만 베어 온 것 아니냐
머리만 떼어 온 것 아니냐,
이리 투정하신다면 할 말은 없지만

긴긴 오뉴월 한낮
마지막 벙그는 종소리를
당신께 보여주려고,
꽃모서리까지 환하게
펼쳐 놓는 모란 보자기

(시작 봄)

시 작 노 트

좀 더디더라도 옛날식으로, 당신께 모란 꽃소식을 보자기에 싸서 보낸다.

송 찬 호 1959년 충북 보은 출생. 1987년 《우리시대의문학》으로 등단. 시집으로 『붉은 눈, 동백』 『고양이가 돌아오는 저녁』 등이 있음. sch2087@hanmail.net

종소리

외로움이 내게 다가와
잘 들리지 않는 목소리로 은은하게 조금은 무뚝뚝하게
외롭다고 한마디 하네

외로움이 죽음에게

내가
프랑스 루르드 성당에서 사 온
종을 살짝 쳐 주었는데
그게 그렇게 깊은 물소리가 나는 거야

다시 오면 이스라엘 성당 종을
그 다음엔 연둣빛 새잎 하나를 손에 쥐여 주었는데

그 담엔 내게 오지 않았어

그 소리를 다 들으려면
세 번의 생은 다 가야 할 테니……

(현대시학 5월)

신 달 자 1943년 경남 거창 출생. 1972년 《현대문학》으로 등단. 시집으로 『봉헌문자』 『겨울축제』 『고향의 물』 『아가』 『황홀한 슬픔의 나라』 『다만 하나의 빛깔로』 『오래 말하는 사이』 『열애』 등이 있음. 대한민국문학상, 시와시학상, 한국시인협회상 등 수상.
dalja7@hanmail.net

비트 3

나는 작전에서 소외되어서 버림받고 우중충한 북벽에 숨었다. 나는 폭격으로 무너진 담장 위에 놓인 꽃병을 보며 벽을 긁는다. 벽에 앉은 그을음을 손톱으로 긁어가며 마지막 편지를 쓴다. 코털에 휘감기는 매캐한 화약 냄새 속에서 묘비명이 적힌다. 나는 지금의 당신이었고 당신은 지금의 내가 될 것입니다 성모여, 고상함과 수치와 극기와 짐승은 모조리 악마에게 돌리시고 제게는 아내를 주소서. 지평선까지 무한한 폐허가 펼치는 지도가 사방을 에워싼다. 검은 옷을 입은 노파는 딱딱한 빵바구니를 안고 잠들었다. 잠든 귓구멍에서 빵조각을 빼물고 까마귀 떼가 날아오른다. 소개된 거리 끝에서 고양이 떼가 잘린 손가락을 물고 흩어진다. 두 동강이 난 아치형 목조 다리 아래에서 뗏목은 매듭을 풀고 토막토막 분해된다. 강물 위로 누렇게 바랜 백기가 죽은 태아를 안고 떠내려간다.

이것은 데자뷰다. 오늘은 이렇게 끝날지도 모른다. 거대한 웅덩이가 푹푹 파인 전선의 북쪽 목축지에서 낙오와 항복은 나의 작은 비밀이 될 테지. 나는 버림받고 너절한 작전지도 속에 숨는다. 다리 너머로 얕은 습지가 펼친다. 억새가 비로드처럼 반짝인다. 그 끝에 얕은 산악지대가 가로막는다. 조각난 무릎뼈를 맞추는 소리가 아득하게 울린다. 나는 낙오했고 오른쪽 다리를 잃었다. 폐허가 된 목축지 뿌연 잿빛 속에, 건초더미가 날아올라 목책에 널린다. 고막이 터져서 침묵 속에 날뛰는 말과 염소들이 무사히 가을의 정적 속으로 돌아올 수 있도록, 고요한 채벌장 위로 별이 차오른다. 나는 낙오했고 나는 내 슬픔을 구속한다. 성모여 대지를 눈으로 덮어주시고 제게는 아내를 주소서.

나는 아버지의 이불에서 태어났고, 아버지는 어머니의 배에서 태어났다. 어머니의 배를 가득 채운 하얀 쌀벌레들, 쏟아져 나오는 벌레들의 틈바구니에서 그해 첫눈은 다른 해에 비해 일렀다. 그해 첫눈 속에 붉은 새가 날아오르더니 아버지의 북벽에 앉았다. 새는 날아올라 아버지의 정원을 붉게 물들이겠지. 나는 북벽에 남아 그을음을 긁어내 눈물로 강을 만들고, 강물에 백기를 눈처럼 흘려보내며 증오를 보태겠지. 정원수 아래로 아이들의 다리뼈를 조각조각 흘려보내며 끝까지 이곳에 남아서 나는 볼 테다. 초롱불과 화덕이 거적에 싸인 무릎을 덥힐 때, 비문飛蚊처럼 춤추는 열기의 선들, 나는 어머니를 아버지의 이불 위에 누이고 그 곁에 씨를 뿌릴 것이다. 눈뜨는 새싹에 대고 성호를 그을 것이다.

목초지의 끝으로 서리와 눈으로 뒤덮인 나무들이 행군한다. 목책을 따라 한 차례 폭격이 지나간다. 강가에 버짐처럼 불꽃이 번진다. 무한의 정적 속에서 캐터필러가 전진하는 것 같다. 작전 지도에 낙오와 항복은 그릇된 일이라고 적혔다. 그릇된 일이 아니라 너무나 강렬하기에 금지한 것이다. 내게는 다른 방법이 없다. 내가 낙오한 것은 애초에 잘못된 일이 아니다. 나는 이곳에 수천 번은 왔다. 이것은 데자뷰다. 모든 것은 반복된다.

(시작 봄)

시 작 노 트

집에 대해 쓰려고 했는데, 온순한 새와 달팽이를 노래하는 빗방울에 대해 쓰고 했는데, 비밀과 허방에 대해서 썼다. 손을 녹이기 위해 불을 살랐는데, 화목 난로에서는 절망이 점화되었다. 한 번이라도 피를 뱉어 본 사람은 알지, 타오른다는 말을, 저 불꽃이 얼마나 치열한 자존심인가를. 신문은 계속해서 나에 관한 소문을 쓰고 있다. 두 손을 들었는데 '양손에는 수학 기호인 무한대(∞) 모양의 수갑이 채워져 있었다.' 고. 더 어떻게 기도할까? 무릎 꿇을까?

신 동 옥 2001년 《시와반시》로 등단. 시집으로 『악공, 아나키스트 기타』 『웃고 춤추고 여름하라』, 산문집 『서정적 게으름』이 있음. poetman77@hanmail.net

신용목

소사나무 숲의 여름

비를 좋아하지만
오늘은 내리지 않았으면 좋겠다 오늘은, 이 놀이를 끝낼 수 있게…… 이렇게 말하면

비가 내린다

창문은 골목 끝까지 떠나간 시간을 열어놓고
한 장씩
바닥에 찍힌 너의 발자국을 걷어와, 가지런히 너를 쌓아올리는 이 놀이에서
비가 와,
뚝뚝 빗물을 흘리는 뒷모습으로 거기
네가 일어서는데

고요가 죽은 빗소리를 주렁주렁 소사나무에 목매달도록

순서를 기다리는 꿈이 잘린 몸으로 밤의 보를 받치는데

조금 더 멀리 갔으면,
네 키보다
더 큰 이야기를 만들 수도 있었겠다, 젖을까 봐

되돌아오지 않았다면,
뒤돌아
미처 걷지 못한 발자국이 어스름 매미소리처럼 무너지는 것을 지킬 일은 없었겠다

그러나 쌓을수록 너는 지워지네,
바닥에 음각으로 찍힌 발자국은

포갤수록 사라지는 풍경의 마술

화석에조차 발자국은 갇히지 않는다 여름, 소사나무 숲 가운데이 어두워지는 놀이에서
한 가지 일은 그리워하는 것
다른 한 가지는, 잊는다

비를 좋아하지만 오늘은 내리지 않았으면…… 하는 오늘은, 비가 내리고
먹구름 뒤에서
너는 젖은 이마로 올해도 휩쓸려가지 않은 하류의 비닐 뭉치나 내리치는 것일 텐데
벼락이여,

아마도 슬픔은 밥 냄새 같은 것이었을까? 가을 어디쯤에선

낙엽이 타다 비를 맞을 것이다

(시와표현 겨울)

시 작 노 트

무엇을 할 것인가, 생각하기 전에 늘 뭔가를 해야 했지만, 무엇을 해야 하는데 아무것도 할 수 없는 순간이 있다. 공중을 놓친 낙엽처럼, 그러나 바닥은 죽는 곳이 아니라 썩는 곳이므로.

신 용 목 1974년 경남 거창 출생. 2000년 《작가세계》 신인상으로 등단. 시집으로 『그 바람을 다 걸어야 한다』 『바람의 백만 번째 어금니』 『아무 날의 도시』가 있음. 시작문학상, 육사시문학상 젊은시인상 수상. sinym74@daum.net

신필영

끈이 풀린 나이

편의점 노천의자에서 맥주 캔을 따고 있는
오후 네 시 긴 그림자 저 홀로 흔들린다
두 눈에 말없음표를 점점이 찍어가며

사선으로 떨어지는 고층빌딩 불빛 근처
단벌 구두 뒤축만큼 닳아버린 이력 위로
헛걸음 불러 앉히며 구인광고 외면한다

퇴근길 주연들을 바라보는 객석인가
번개 치듯 지나가는 불청객 견비통에
밤하늘 열쇠구멍으로 초승달이 내려온다

(시조21 여름)

시 작 노 트

몸과 마음은 한창이면서 뒷전으로 밀려나는 사람들이 늘어나고 있다. 일자리에서는 물러나도 버티고 살아야 할 현실은 아직 그대로인 젊지도 늙지도 않은 세대의 고민이 깊다. 아이나 노인처럼 보호 받을 처지도 못 된다. 자청한 문제는 아닐지라도 해결의 열쇠는 스스로 찾을 수밖에 없는 어려움을 어쩌랴. 풀린 끈 고쳐 매는, 그래서 아직은 청춘, 조연으로 빛나야 할 우리 모두 파이팅이다.

신 필 영 1983년 《한국일보》 신춘문예로 등단. 시집으로 『달빛 출력』 『둥근 집』 등이 있음. 이호우시조문학상 등 수상. pil0703@naver.com

오종문

혁명의 아침

내 안의, 저 하늘의 믿음 없인 곤란한 일, 빛나는 명분 없이는 더더욱 안 되는 일
언제쯤 그 때를 만나 이 신념을 꽃피우랴

당신도 너도 아닌 우리 모두 키운 이념, 그 무엇에 미쳐 가며 심장을 뎁혀 가면
멈춰 선 수레바퀴를 굴려갈 수 있겠느냐

혁명은 그 언제나 민초의 힘 부르는 법, 칼을 쥔 손에 묻은 피 두렵지 않는 것은
그대의 혀 속에 감춘 달콤함이 아니더냐

첫 입술 몰래 훔친 신비로운 혁명이란, 하룻밤 품은 창녀 그 허무한 짧은 정사情事
휴지통 말라 비틀린 분노 없는 휴지이다

누군가 또 새날을 간절하게 원하는 때, 어떤 세상 신의 은총 마주할 것이더냐
이 아침 내 전 생애가 저 나팔꽃 같구나

(시조21 여름)

시 작 노 트

명분과 믿음이 없는 혁명은 혀 속의 달콤한 말로 우매한 자를 현혹하고, 그들 손에 피를 묻힌다. 이런 혁명은 창녀와 하룻밤 짧은 정사처럼 허무하고, 휴지통 속 구겨진 분노 없는 휴지이며, 아침에 잠깐 피고 지는 나팔꽃과 같다. 진정한 혁명은 내 안에서부터 조용히 시작되는 자기로부터의 혁명으로, 진정한 역사의 수레바퀴를 굴려간다.

오 종 문 1959년 광주 출생. 1986년 사화집 『지금 그리고 여기』로 작품 활동 시작. 시조집으로 『오월은 섹스를 한다』 외, 저서 『이야기 고사성어(전 3권)』 등이 있음. 2009년 중앙시조대상 수상. ibook99@paran.com

며칠

청령포 부근 마을
작은 방을 빌어 한 며칠,
죽은 왕은 눈 속에도 자꾸 물을 건너고
어쩔 수 없다
꿈에서 꿈으로 며칠
배가 고플 즈음 강가에 서면
감발을 치고 길을 나서는 사내들의
눈이 매섭다
쉬이이 귀때기를 치고 가는 바람
눈은 며칠 멈추지 않으리
다시 걸어 강줄기를 거슬러 올라갈 때
칼 같이 선 바위 꼭대기에서
우르르 눈이 몰려 내려온다
나라는 무엇입니까
사랑은 무엇입니까
어린 왕은 집으로 돌아가지 못하고
자꾸 장에 가는 아낙들의 뒤를 따른다
여기에 이르러
얼음장 아래 물소리는 소리 죽인 천둥소리가 되고
어두운 하늘 날아가며
점점이 우는 겨울새

그,
겨울날의 며칠

(시인수첩 여름)

시 작 노 트

청령포에서 며칠. 차라리 여름이었으며 물이 흐르고 새들이 지저귀고 어떤 슬픔의 감정을 충분히 모았을 터. 한겨울 영월 끝자락은 오로지 춥고 추웠을 뿐. 千秋의 恨이었겠다. 천 번의 가을이 흘러도 지워지지 않을 아픔이 단종의 옷자락으로 흘렀겠다. 그의 아버지에게로 그의 할아버지에게로 그의 백성에게로 그 슬픔은 흐르고 흘러 여기까지 왔겠다. 어린 왕이 되어 보낸 그 해 겨울 며칠.

우 대 식 1965년 강원도 원주 출생. 1999년 《현대시학》으로 등단. 시집으로 『늙은 의자에 앉아 바다를 보다』 『단검』 『설산 국경』, 산문집 『죽은 시인들의 사회』 『시에 죽고 시에 살다』 등이 있음. wds1592@yahoo.co.kr

염소를 기르다 2

어느 날
까만 염소가 대낮의 창가에 나타나서 울고 있는 것이다

검은 뿔로
시계와 거울과 침대를 들이받는다 공기와 분위기와 온도를 망가뜨린다
까맣게 만들어 버린다

부드럽고 긴 목덜미를 어루만진다
염소야, 지금은 낮이고
여기에는 너를 위한 풀이 자라지 않는다

저것들은 열매가 아니다
염소야, 여기에는 네가 타고 오를 절벽이 없다
이 웅덩이는 너를 위한 술이 아니다

누가 알고 있나
소리쳐도 도망가지 않는 염소를 밤으로 몰아가는 방법은

염소가 운다
밤은 춥고 자신은 너무 까맣다고 더이상 자기 이름을 부르지 말

라고 부르지 않으면 길을 잃지 않으리라고
  말하지 않는데

  검은 뿔이
  내 눈동자를 들이받는다 태양을 망가뜨린다
  까맣게 만들어 버린다

  나는 염소 훈육법을 모르고

  밤마다
  길들여지지 않은 염소가 길들여지지 않을 염소를 낳는다

(문학동네 가을)

유 병 록 1982년 충북 옥천 출생. 2010년 《동아일보》 신춘문예로 등단. 시집으로 『목숨이 두근거릴 때마다』 등이 있음. qudfhrdb@naver.com

유안진

자고새

제 둥지에 몰래 낳아두고 달아난
종種이 다른 새알을
애써 품어 키운다는 바보새
밀밭을 그리고 새 한 마리를 더 그린 반 고흐
그 새가 하필 자고鷓鴣새란다

사제司祭의 아들도 그림사제였네.

(서정시학 가을)

시 작 노 트

살아가며 깨닫기만 하는가? 도무지 알 수 없는 것이 神의 뜻인가?

억울할 때는 신의 계획은 인간 내가 헤아리거나 짐작조차 할 수 없는 것이니까.

"좋게 바꿔 주실 줄을 믿자."던 어머니만 기억하고 싶다. 다 살아와 놓고 왜 후회인가? 결국에는 내가 알지 못하는 크고 비밀한 일을 보여 주실 줄을 아직도 믿어 마지않는 숙맥이여! 몽매한 믿음이여, 숙맥다운 숙맥이 되어라. 나를 달래는 나와 산다. 잘 살아온 거야. 하늘이 알잖아! 위로가 되는가?!

유 안 진 1965년 《현대문학》으로 등단. 시집 16권, 시선집 등이 있음. anjyoo@hanmail.net

유자효

아직

너에게 내 사랑을 함빡 주지 못했으니
너는 아직 내 곁을 떠나서는 안 된다
세상에서 할 수 있는 유일한 일은
내 사랑을 너에게 함빡 주는 것이다
보라
새 한 마리, 꽃 한 송이도
그들의 사랑을 함빡 주고 가지 않느냐
이 세상의 모든 생명은
그들의 사랑이 소진됐을 때
재처럼 사그라져 사라지는 것이다
아직은 아니다
너는 내 사랑을 함빡 받지 못했으니

(포스트모던 6월)

시 작 노 트

시인의 만남은 시로 이루어져야 한다. 인간 아무개와의 만남은 진실에 접근하지 못할 수도 있다. 몇 백년 전, 몇 천년 전의 시인과도 절실한 만남을 가질 수 있지만 동시대인이라 하더라도 도저히 만나지 못할 경우도 있다. 시는 예술이기 때문에 그 만남은 비장미마저 풍긴다. 따라서 내가 사는 세상에서의 만남이 하찮아 보일 때도 있다. 중요한 것은 결국 진실이다.

유 자 효 1947년 부산 출생. 시집으로 『아직』『아버지의 힘』『데이트』『성스러운 뼈』 등이 있음. 정지용문학상, 유심작품상, 현대불교문학상 수상. 지용회장, 구상선생기념사업회장, 시와시학회장. yoojahyo@hanmail.net

유홍준

유골遺骨

당신의 집은
무덤과 가깝습니까
요즘은 무슨 약을 먹고 계십니까
무덤에서 무덤으로
산책을 하고 있습니까
저도 웅크리면 무덤, 무덤이 됩니까
무덤 위에 올라가 望을 보았습니까
祭床 위에 밥을 차려놓고
먹습니까
저는 글을 쓰면 碑文만 씁니다
저는 글을 읽으면 祝文만 읽습니다
짐승을 수도 없이 죽인 사람의 눈빛, 그 눈빛으로 읽습니다
무덤 파헤치고 유골 수습하는 사람의 손길은 조심스럽습니다
그는 잘 꿰맞추는 사람이지요
그는 살 없이
내장 없이, 눈 없이
사람을 완성하는 사람이지요
그는 무덤 속 유골을 끄집어내어 맞추는 사람입니다
저는 그 사람이 맞추어 놓은 유골
유골입니다

(작가세계 가을)

시 작 노 트

봄이 오고 있다. 지리산 혜경골에 금낭화 보러 갔다가 만났다. 계곡 옆 바위와 바위 사이, 하얀 고라니 뼈……. 완벽하게 탈골이 된, 그 형체 그대로 온전하게 내려앉은, 금낭화보다 몇 십 배는 더 강렬한, 그 고라니 뼈 같은 시를 쓰고 싶다.

올봄에도 꽃 찾아다니다가 덜컥, 그런 뼈 하나를 만나고 싶다.

유 홍 준 1962년 경남 산청 출생. 1998년《시와반시》신인상으로 등단. 시집으로『喪家에 모인 구두들』『나는, 웃는다』『저녁의 슬하』, 시선집『북천-까마귀』가 있음.
yuhongjun62@hanmail.net

이명수

혼자 밥 먹다

가을 한철 '자발적 유배' 살이를 했다

추사는 내가 기거하는 고산과 이웃한 대정 귤중옥橘中屋에서 9년간 '위리안치圍籬安置' 유배살이를 했다

가시방석에 앉아 혼자 밥을 먹으며 추사는 무슨 생각을 했을까

키이스 페라지의 『혼자 밥 먹지 마라』를 읽으며 혼자 밥을 먹는다

앞집, 옆집, 뒷집에 혼자 사는 할머니들도 혼자 밥을 먹는다

"서쪽에서 빛살이 들어오는 주방, 혼자 밥을 먹는 적막"*에서 시간과 겨루어 슬프지 않은 사람이 있을까

추사는 가시밥을 먹고 한기 서린 책을 읽으며 세한도歲寒圖를 그렸다 그에게 혼자 밥 먹는 일은 온축蘊蓄의 의식이었으리라

추사 곁에서 배운 '온축'의 힘으로 시를 쓴다

자발적 유배지에서 쓴 시가 사막에 버려진 무상 경전이 되어도 좋으리

* 박경리의 시 「못 떠나는 배」의 한 구절.

(유심 10월)

시 작 노 트

추사의 골기骨氣 서린 겨울 정신을 본다.
혼자일 때 인간의 내면이 가장 충만해지는 것을 몸은 안다.
혼자 밥 먹는 행위나 시 쓰는 행위는 시인에게 수행修行이다.
제주에서의 겨울나기는 혼자 먼 길을 가는 수행이다.
어떤 '부름'이 거기에 있다.

이 명 수 1945년 경기도 고양 출생. 1975년 《심상》 신인상으로 등단. 시집으로 『공한지』 『흔들리는 도시에 밤이 내리고』 『등을 돌리면 그리운 날들』 『왕촌일기』, 시선집으로 『백수광인에게 길을 묻다』 등이 있음. 계간 시지 《詩로여는세상》 발행인.
lms4528@hanmail.net

여행

어느 골목 창틀에서 집어온 대못 하나
집에 가져다 컵에 기울여 꽂아 놓았더니
뚝뚝 녹가루를 흘리고 있다

식당에서 먹다 버린 키조개 껍질
뭐라도 담겠다 싶어 가져왔는데
깊은 밤 쩌억쩌억 소리가 들려
집 안을 두리번거리다 안다
공기 중이라 조개의 몸이 갈라지는 것을

나를 털면 녹 한 줌 나올는지
나를 공기로 쪼개면 나는 쪼개지기나 할는지

녹가루를 받거나
갈라지는 소리를 이해하는 며칠을 보냈을 뿐인데

머리카락을 남기고 간 사람이 있는 것도 아닌데
이토록 마음이 어질어질한 것이 나로 인한 것인지

기어이는 숙제 같은 것이 있어 산다
끝나지 않은 나는 뒤척이면서 존재한다

옮겨놓은 것으로부터
나를 이토록 옮겨놓을 수 있다니
그러니 사는 것은 얼마나 남는 장사인가

(시인수첩 봄)

시 작 노 트

길을 가다가 '박정하다'는 말을 들었다. 소리가 들리는 쪽으로 고개를 돌려 보니 어떤 사내가 전화 통화를 하고 있었다. 누군가 그에게 정 없이 대했나 보다. 나는 괜히 가슴을 쓸어내렸다. 세상의 어둠에 닿아버린 사람처럼 그가 겨울 화단에 앉아 흐린 하늘을 올려다보고 있었다.

이 병 률 1967년 충북 제천 출생. 서울예대 문예창작과 졸업. 1995년 《한국일보》 신춘문예로 등단. 시집으로 『당신은 어딘가로 가려 한다』 『바람의 사생활』 『찬란』, 산문집 『끌림』 『바람이 분다 당신이 좋다』 등이 있음. 현대시학작품상 수상. '시힘' 동인.
kooning@empal.com

이상호

정2품송

뜻하지 않게 받은 벼슬
영 몸에 맞지 않았는지
계급 정년에 걸려
은퇴할 날을 저울질하느라
시름시름 어두운 생각에 잠겼는지
알 수 없는 사람들의
공손한 손길도
이제는 시들해졌는지
북쪽은 벌써 허공에게 돌려주고
나머지 절반도 듬성듬성
허공이 들어앉았네
그럼 그렇지
허공의 주인은 언제나 허공
누구도 영원히 차지할 수는 없지
세상에 잠시 세 들어 살다 돌아가신 할배들처럼
저 소나무도 어느 날엔가
허공에게 신세졌던 가솔들 모두 데리고
또 다른 하늘 한 자락 세 내어 이주하겠지
제 살던 자리 깨끗이 청소해 놓고 떠나가겠지

(미네르바 여름)

시 작 노 트

뜻하든 뜻하지 않든 모두 다 지나가리라는 진실만 하늘처럼 분명하리라!

이 상 호 1982년 《심상》으로 등단. 시집으로 『금환식』 『그림자도 버리고』 『시간의 자궁 속』 『그리운 아버지』 『웅덩이를 파다』 『아니에요 아버지』 『휘발성』 등이 있음. 대한민국문학상, 편운문학상, 한국시문학상 등 수상. 한국시인협회 이사, 한양대 한국언어문학과 교수. shlee2368@hanmail.net

이우걸

이명 2

뱃고동 소리가 희미하게 들리곤 한다

이승의 우수가 담긴 곡조 없는 휘파람같이

노을을 따라나서는

저 강물의 나들이

(유심 8월)

시 작 노 트

단시조에 대한 집념이 강해졌다. 그런 생각의 한 시도로 이 작품을 쓰게 되었다. 내게 '이명' 은 난청의 원인을 제공하는 막연한 명사다. 그런 장애는 나이가 들어가며 내게 온 편향된 감성 때문이기도 하고 혼탁한 사회 환경 때문이기도 하다.

그러나 좀 더 바로 보고 바로 들으며, 이 시대와 당당히 대결하고 싶은 나의 노력은 끝나지 않을 것이다.

이 우 걸 1973년 《현대시학》으로 등단. 시조집으로 『맹인』 『나를 운반해 온 시간의 발자국이여』 『네 사람의 노래』 『주민등록증』 『이우걸시조전집』 등이 있음. 중앙시조대상, 가람시조문학상, 이호우시조문학상, 김상옥시조문학상 등 수상. leewg1215@hanmail.net

이은봉

보석

바다 속 상처 난 조개의 자궁에서 크는 보석,
깨지기 쉬운 영혼, 건드리지 마라
함부로 상처를 만들지 마라
누군들 상처가 아프지 않으랴
그래도 상처 난 과일에게서 향기가 나는 법이다
날아가기 쉬운 향기의 영혼
모든 영혼에게는 상처가 있다
상처가 있는 영혼은 아프다
당신의 영혼에게도 상처는 있다
두고두고 치료를 받아야 할 만큼 아프다
출렁출렁 당신의 영혼, 언젠가 상처는 아문다
아무는 만큼 보석이 영근다
모든 보석은 아리다 쓰리고 시리다
당신의 영혼 속 뽀얗게 이는 슬픔
고개 들어 먼 하늘을 바라보면
어느새 송알송알 진주구름이 영글고 있다.

(열린시학 여름)

시 작 노 트

프랑스의 시인 랭보는 일찍이 "상처받지 않은 영혼이 어디 있으랴"라고 노래한 바 있다. 모든 영혼은 다 상처를 받기 마련이라는 뜻이다. 그렇다고는 하더라도 상처를 받으면 아프다. 몸의 상처가 아니라 영혼의 상처는 더욱 그렇다. 상처라는 것, 주고도 받고도 싶지 않지만 나날의 일상에서는 그것이 잘 안 된다. 실제로는 내 영혼도 상처딱지로 뒤덮여 있다. 상처를 받아야 보석을 키우는 것이 영혼이라고 하지만 아픈 보석은 이제 싫다.

이 은 봉 1984년 《창작과비평》에서 신작 시집 『마침내 시인이여』를 통해 등단. 시집으로 『내 몸에는 달이 살고 있다』 『길은 당나귀를 타고』 『책바위』 『첫눈 아침』 『걸레옷을 입은 구름』 등이 있음. 한성기문학상, 유심작품상, 가톨릭문학상, 질마재문학상 등 수상. 광주대학교 문예창작과 교수. lebhosim@hanmail.net

이장욱

엘리베이터는 음악처럼

희고 신선한 냉장고가 올라가는 곳에서
녹슨 냉장고가 스르르 내려오는 곳까지

아가씨와 맥주와 양념치킨과 모자를 눌러 쓴 배달원 그리고
등 뒤에 감춘 것

여기서 우리가 매우 밀접해지는군요.
목덜미에 점이 있구나.
냄새가 이상해.

순환하는 별들과
뜻밖의 기상현상과
송전탑의 끝 그리고 우리는 문득

허공에 정지했다.
이토록 깊은 어둠 속에서 가까워졌는데도 마침내
쿵쾅거리는 위층으로 주차장으로
십 년 후로
그리고 또 육면체의 밤

연인은 키스를 하며 올라갔기 때문에

노인은 혼자 거울을 보며 내려온다.
옷매무새를 잘 고치고
흰 머릿결은 한쪽으로

음악도 나온다.
여자의 목소리가 스르르
천상에서 내려오는 올가미처럼.
냉동실에서 아이스크림을 꺼내는
위층 아래층으로 이어진
환한
밤의 손목들과 함께.

(문학청춘 여름)

시 작 노 트

손목들이, 환한 손목들이, 차가운 손목들이, 적막한 손목들이, 무수한 손목들이, 육각형의 어둠 속에서, 비처럼 내리고 있는……

이 장 욱 1994년 《현대문학》으로 등단. 시집으로 『내 잠 속의 모래산』 『정오의 희망곡』 『생년월일』 등이 있음. oblako@hanmail.net

이정환

울음 무덤

그래 울음 무덤은 중천에 늘 떠 있지

좇아가지 못하는 눈길 탓하지 말라

끝없이 쌓아올려도 보이지를 않으니

눈에 닿지 않는 저 아득한 꽃무더기

꽃무더기 속으로 달아오른 몸뚱어리

오늘도 울음의 무덤 중천에 떠 있지

(현대시학 10월)

이 정 환 1978년 《시조문학》 천료, 1981년 《중앙일보》 신춘문예 당선. 시조집으로 『휘영청』 외 다수 있음. jhwanl@hanmail.net

이지엽

봄 바다 참회록

누구도 먹먹하여 아무 말도 못한 4월
서로에게 마음을 들키지 않으려고
혼자서 속울음 참으며
건너간다 봄 바다를

인생은 원래 고해苦海, 너른 바다 아니던가
다만 신앙처럼 붙잡던 것 믿음이란 바위
허망케 무너졌느니
어찌 다시 너를 만나랴

결국 탐욕과 이기심이 너를 수장하였다
나는 아니라고 애써 부인해 보지만
모두 다 비껴서 바라본
세월의 죄인이다

침묵도 분노도 눈물로 뜨거운 밤
바람의 별이 되어 떠나간 봄 하늘에
북극성 노란 종이배
촛불 밝혀 띄운다

(열린시학 여름)

시 작 노 트

세월호로 가슴이 먹먹할 때 큰스님의 법문을 들었다. 인생은 苦海라는 말이 어찌나 와 닿던지. 여러 편의 시를 썼는데도 마음은 여전히 어두운 것은 하나도 세상은 바뀌지 않고 있다는 사실 때문이리라. 예수를 죽게 했던 것은 누구였던가. 바리새인들과 제사장들, 가장 도덕적인 율법주의자들이었다. 가식의 점잖음과 직각의 지식과 알량한 자만의 우리들이 죽게 했다. 그러니 그대부터, 나부터 무릎 꿇어야 한다.

이 지 엽 1982년 《한국문학》 백만원 고료 신인상 당선. 시집으로 『씨앗의 힘』 『사각형에 대하여』 『해남에서 온 편지』 등이 있음. 《열린시학》 《시조시학》 편집주간, 경기대학교 국어국문학과 교수. poetry111@naver.com

이현승

고통의 역사

악을 쓰고 역기를 들어올리는 사람의 얼굴로
꽃은 핀다. 실핏줄이 낱낱이 터진 얼굴로 아내는
산모 휴게실에 혼자 차갑게 식어 누워 있었다.

죽자고 벌인 사투의 끝은 죽음 같았다.
있는 힘을 다 뽑아낸 몸은 죽은 거나 다름없었다.
뼈마디까지 낱낱이 헤쳐진 몸으로 까맣게 가라앉았다.

백일홍 백일 동안 핀다고 누가 그랬나.
백일홍은 백일 동안 지는 꽃이다.
꽃은 떨어져내려 시나브로 색이 시들고
그 곁에서 매미가 악을 쓰고 우는
백일은 얼마나 긴가.
어혈이 빠지기도 전에 다시 어혈을 입는
백일은 얼마나 더딘가.

먼 바다는 아이들이 가라앉아 아직 시퍼렇고
사람 죽는 소리에 질린 하늘 아래
백일 동안 멍든 얼굴로 누운 그늘을 보면서
생각한다. 용서가 먼저인지 망각이 먼저인지.
견디는 것 외에 할 수 있는 것이 없는

견딤에 대해.

사람들이 곡기를 끊고 시나브로 제 생을 말리는
이곳은 어디인가.
죽은 사람이 떠나지 못하는 세상은 구천 같다.
세월은 더 흘릴 눈물도 없는 사람들을 울려서 눈물을 짜낸다.
사람이, 역기를 들어올리는 사람의 얼굴로 간신히.

(현대시학 10월)

시 작 노 트

기억하고 싶지도 않는 기억.
하지만 삶은 기억의 안쪽에 있다.
기억하고 싶지 않음이 결국 기억을 넘어설 수는 없는 거니까.

경계란 이렇게 쉽게 지워진다.
퍼렇게 물속에 아직 누워 있는 거기가 아니라,
그걸 알면서 속수무책인 여기가 바로 지옥이니까.

이 현 승 2002년 《문예중앙》으로 등단. 시집으로 『친애하는 사물들』이 있음. 시와사상 젊은시인상, 김달진문학상 젊은시인상 등 수상. 계간 《시작》 편집위원. tuplos@naver.com

임성구

김수영을 읽다

키가 큰 나무가 한 꽃나무 데려왔다 베어진 여린 목에 푸른 피가 솟아올랐다 비릿한 고함을 먹고 꽃나무는 환했다

계절 한 번 바뀌자 거대해진 엔진 톱 순백의 그 꽃나무 밑동까지 베 버렸다 말없이 가만 바라본 내 허리도 싹둑 잘랐다

아프다고 말하던 묽은 피가 입을 다문다 가슴 넓은 사내라 꼭 그런 건 아니었다 입 밖에 쏟아낼 아픔 비상구가 좁았을 뿐

꽃나무 쓰러진 계절 목이 쉰 채 왔을 때, 시린 발목 덮어주는 땅속 깊은 잔뿌리들, 별 구경 그저 희망이라며 손사래 치고 있다

열매 없이 툭 떨어진 겨울이 약속하지만 삽날의 두려움으로 난蘭을 치는 새처럼 한 켤레 미련을 벗고 이제는 떠나야 하리

(시조21 가을)

시 작 노 트

내게 시의 비상구는 늘 개방되어 있다. 혈맥을 모두 짜내 역사와 민중의 강인한 생명력을 목청 좋게 노래한 시인의 시 세계는 영원하다. 큰 시인의 시 세계를 좇아가기란, 아직도 나의 행간 보폭은 짧기만 하다. 허공에 난蘭을 치며 날아가는 새의 열망이 참 부럽다. 무한정으로…….

임 성 구 1994년 《현대시조》 신인상 수상 등단. 시집으로 『오랜 시간 골목에 서 있었다』 『살구나무죽비』 등이 있음. 《서정과현실》 편집부장. jaje9@hanmail.net

장만호

올가미

한 녘의 저녁을
모두 기억하려는 듯
넋 놓고, 지평을 바라보는
한 사람

바람이,
그를 흔들 때마다

나무의 그늘이 조금 더 깊어졌다
그늘 쪽으로 조금 더 휘어졌다

(문학의오늘 겨울)

시 작 노 트

침몰하는 배에서 구출된 교감 선생님이 자살을 했다는 소식을 듣고 쓴 시이다. 그 앞뒤의 사정이야 우리 모두가 아는 바이니 더 말할 필요가 없겠다. 그 분을 대상으로 시를 쓰는 것도 죄송스러운 듯하여, 1연의 한 부분을 '수평' 이 아니라 '지평' 으로 썼던 기억이 있다.

장 만 호 전북 무주 출생. 2001년《세계일보》신춘문예로 등단. 시집으로『무서운 속도』가 있음. 김달진문학상 젊은시인상 수상. bluwish@hanmail.net

전기철

구름의 가장자리

허공에 봄이 걸려 있다. 가로수들을 데리고 길을 따라 걷는다. '우리에게 내일은 없어요 당신은 변장한 악마잖아요' 몸에 맞지 않는 음악이 마음에서 흘러나온다. 감성을 펌프질해 본다. 몇몇 건물들도 들썩인다.

봄은 그렇게 떠내려가고 어느새 구름은 빨간 우산을 쓰고 뛰어내리고, 세상에서 읽을거리를 찾지 못한 늙은 사내의 눈이 중얼중얼한다. 얼른 집에 가서 넙치처럼 엎드려 지구를 껴안아야겠다.

하늘엔 어떤 이야기도 없는 구름이 지나가고 작달막한 사내는 손의 결혼식을 올리느라 여자의 손을 놓지 않는다. 중국인들이 '띵호아' 점령하듯 돌아다녀 국경이 너덜너덜하다. 반도가 바짝 독이 오른 성기는 아닐까.

버거킹에서 햄버거를 주문한다. 알바 여자 아이가 엉덩이에 드레싱을 뿌린다. 커피 한 잔에 햄버거를 물어뜯는데, 언젠가 들었음직한 절간의 종소리가 물컹하다. 아뿔싸, 마음이 너무 멀리 가버린 것 같다.

(현대문학 9월)

전 기 철 1945년 전남 장흥 출생. 《심상》으로 등단. 시집으로 『나비의 침묵』『풍경의 위독』『아인슈타인의 달팽이』『로깡땡의 일기』『누이의 방』 등이 있음. 숭의여자대학교 문예창작과 교수. kwansan21@hanmail.net

정용국

월정리역月井里驛

달은 우물 안에
퉁퉁 불어 있고
서울로 원산으로
떠난 이 소식 없네

다 해진 철길 자락만
기다림에 휘어진

눈물을 끌어안고
울지 않는 무딘 구름
얼비친 시간 위로
주름은 집을 짓고

지금도 생손을 앓는
길 위의 저 몸살들

(시조21 겨울)

시 작 노 트

우편번호부에 월정리라는 지명은 일곱 군데나 있지만 비무장지대 안에 있는 '월정리역'은 어디에도 없다. 60년 넘도록 우물에서 나오지 못하는 저 달을 빨리 건져 주고 싶다.

정 용 국 경기도 양주 출생. 2001년 계간 《시조세계》로 등단. 시집으로 『명왕성은 있다』 등이 있음. 이호우문학상, 가람시조문학상 신인상 수상. yong5801@daum.net

정철훈

지구의 가을

오랜만에 산책을 했지요
내가 사는 동네가 아니라 남의 동네로
되도록 많은 것을 생각하지 않으면서요

당신과 함께였지만 되도록
당신과 함께라는 느낌을 의식하지 않으려는 산책
당신이 과거에 알고 지냈던 모든 사람들을
떠올리지 않으려는 산책은
언제나 어렵더군요

우린 새로 단장한 천변을 걸어 재래식 시장통을 두 바퀴 돌다가
들어가고 말았지요
내가 태어나기 전에 지어진 오래된 성당 안으로
경건함을 외양에서 느끼기가 지극히 어려운 시대에
낡은 성당에서 경건함을 읽어냈다는 건
그만큼 나의 내면이 위선과 위악으로 팽창했다는 증거겠지요

성당 입구, 수위실에 앉아 있는 사람이
언젠가 내가 다니던 회사 계단참에 쭈그리고 앉아
중년의 여자 청소부와 입을 맞추던 남자 청소부를 닮았다는 생각을 했지요
그렇다면 나는 성당 수위를 모독한 것일까요

하지만 나는 안색이 바뀌었을 뿐
결코 뉘우치지 않는 냉담자인 것이죠

그때가 언제쯤이냐고요
시장통이 전어축제로 번잡했으니 작년 가을쯤일 겁니다
사람들은 저마다 전어부침을 한 가득 입에 넣느라 입술 주위가 붉게 물들었음에도
지구의 가을이 좀 외로워 보이던 그날이지요

당신과 헤어져 귀가한 밤
내가 키우던 고양이가
잠자리에 든 내 머리에 제 머리를 비비댄 것도 외로움의 표시였지요
고양이는 고양이가 그립고 나는 사람이 그립고
고양이는 내 그리움의 냄새를 맡고 제 그리움을 내 머리에 묻혔던 것이죠

간밤에 고양이만 왔다간 것은 아닐 겁니다
아침에 일어났을 때 눌린 머리카락은 꿈의 항해가 어지러웠다는 게 아니라
꿈에도 중력이 있어 머리카락에 헝클어진 글자를 남겨놓았을 거라는 그런 생각

내가 잠들었을 때 머리맡에 누군가 찾아와 머리카락을 만지작거렸을 거라는

그것은 숭고의 손이었을까요

우리는 산책을 했고 늙은 개가 뒤를 따라왔고

빛바랜 잔디와 잎새를 떨구는 가로수와 야위어가는 햇빛에 나는 폐결핵 환자처럼 현기증을 느꼈으니까요

우리는 과연 우리의 삶이 지나가면서 내는 향기를 맡을 수 있을까요

당신과 함께 헤어짐이 없는 국경에 가고 싶네요

톈산이 자리한 카자흐 알라타우 국립공원이 그런 곳일 거예요

카자흐 것도 타지크 것도 중국 것도 아닌 위대한 산

세 나라가 국경을 맞대고 있지만 어떤 철망도 쳐지지 않은

그곳이야말로 헤어짐이 없는 국경이라는 생각이 드네요

우리도 그런 국경을 만들 수 있을까요

(창비 여름)

정 철 훈 1997년 《창작과비평》에 「백야」 등 6편의 시를 발표하며 작품 활동을 시작. 시집으로 『살고 싶은 아침』 『내 졸음에도 사랑은 떠도느냐』 『개 같은 신념』 『뻬쩨르부르그로 가는 마지막 열차』, 장편소설 『인간의 악보』 『카인의 정원』 『소설 김알렉산드라』 『모든 복은 소년에게』, 저서로 『뒤집어져야 문학이다』 『소련은 살아 있다』 『김알렉산드라 평전』 『옐찐과 21세기 러시아』 등이 있음. chjung@kmib.co.kr

조용미

구름의 서쪽

당신은 내가 모르는 사이 죽음 근처에 다녀왔소 당신이 사라진다면 나는 어떻게 되는 거요 당신은 내게 항상 부재하는 실재였으므로 어쩌면 아무 것도 달라질 것이 없을지도 모르오 하지만 나는 이전의 내가 아닐 것이오

무엇이 사라질 때마다 내가 그 사실을 어떻게 극복했는지 말하지 않겠소 아름답고 비루하고 쓰라리고 신비한 이 삶을 나는 또다시 살아내야 하는 것이오 섬세한 언어처럼 가을이 내 앞에 다시 왔소

나는 어떤 새로운 형식으로 당신을 그리워하기로 했소 왜 새롭지 않으면 안 되는지 그것 또한 말하지 않는 편이 좋겠소 당신에게는 당신만의 어여쁜, 내가 헤아리지 못하는 사랑이 있었을 것이오 세상에 단 하나뿐인 당신만의 사랑이 있었을 것이오

이제 이 서러움은 온전히 나만의 것이 되었소 한때 우리는 서러움을 함께 나누었소 만나지 않고서도 나누었소 당신의 소식이 더 이상 오지 않는 봄이 온다 해도 내게는 오래 간직한 낡은 마음이 있소 그것으로 족하오 낡은 마음은 봄에 다시 새로운 마음이 되오

(문학과사회 겨울)

시 작 노 트

물이 나뭇잎으로 검어지는 달. 끝 간 데 없는 슬픔으로 일어서고 일어서도 자꾸 무너져 내릴 때, 그런 위태롭고 고독한 토요일 오후에 누군가 흐느낌 대신 쓰는 시가 있다면 이러했을까. 흐느낌은 자주 길을 잃게 하고 대낮에도 캄캄한 어둠을 불러들였을 것이다.

조 용 미 1990년 《한길문학》으로 등단. 시집으로 『불안은 영혼을 잠식한다』 『일만 마리 물고기가 山을 날아오르다』 『삼베옷을 입은 자화상』 『나의 별서에 핀 앵두나무는』 『기억의 행성』 등이 있음. treepoem@hanmail.net

천양희

오늘 쓰는 편지
— 나의 멘토에게

순간을 기억하지 않고 하루를 기억하겠습니다
꽃을 보고 슬픔을 극복하겠습니다
영혼의 주름살을 늘리지 않겠습니다
우울이 우물처럼 깊다고 말하지 않겠습니다
가장 슬픈 날 웃을 수 있는 용기를 배우겠습니다

혼자 사는 자유는 비장한 자유라고 떠들지 않겠습니다
살기 힘들다고 혼자 아우성치지 않겠습니다
무인도에 가서 살겠다고 거들먹거리지 않겠습니다
술 마시고 우는 버릇 고치겠습니다
무지막지하게 울지는 않겠습니다
낡았다고 대놓고 말하는 젊은 것들 당장 따끔하게 침놓겠습니다
그러면서 나이 먹는 것 속상해 하지 않겠습니다
나를 긁어 부스럼 만들지 않겠습니다
결벽과 완벽을 꾀하지 않겠습니다
병에 결코 굴복하지 않겠습니다
오늘 하루를 생의 전부인 듯 살겠습니다
더 실패하겠습니다

(시산맥 여름)

천 양 희 1965년 《현대문학》으로 등단. 시집으로 『하루치의 희망』 『마음의 수수밭』 『오래된 골목』 『너무 많은 입』 등이 있음. 소월시문학상, 현대문학상, 박두진문학상 등 수상.

세상의 안이면서 밖인

나의 고향집, 엄마의 몸은
이 세상 안이면서 밖이다.
세상 밖에서 세상 안으로 나오는
태아는 산모만큼 목숨을 건다.

세상 안에서 쌓이고 쌓인 아픔이
자궁을 빠져나올 때만큼 커질 적이면,
엄마의 무릎 사이 머리를 파묻고
첫울음 같은 울음을 울고 싶다.
그 울음을 통해 세상 바깥으로 돌아가고 싶다.
그 울음이 세상보다 더 큰 당신 안에서
동그랗게 웅크리고 들어앉으리라.

내 살과 피가 마지막 눈물로 삭아내려
무덤 속을 적실 때까지,
이 세상의 안과 바깥에서
나의 눈물을 다 받아주는 당신,
아무리 다가가도 고독해지지 않는 당신.

(유심 11월)

시 작 노 트

누가 저 시계탑에다 총을 쏠 것인가. 우리를 시시각각 옥죄어 오는 괴물을 향해 사랑의 말 폭탄을 던질 것인가. 미처 쓸 가면도 준비하지 못한 그대는 돌아갈 고향이라도 있는가.

최 서 림 1956년 경북 청도 출생. 1993년 《현대시》로 등단. 시집으로 『물금』 『버들치』 등이 있음. 클릭학술문화상, 애지문학상 등 수상. 서울과기대 교수. seurim@hanmail.net

최정진

축제의 인상

너는 네가 본 찍고 싶은 풍경이
셔터를 누르는 사이에 지나가 버리는 것이 아프다

신선하게 살아 있는 영혼 같던
네 눈이 네 손이 걷혀도
공허하게 뛰고 있는 육체는 네 것이 아닌 것처럼

장신구를 나누고 있는 사람에게
손에 쥔 것을 주면 어떻겠냐고 물을 것이다
네가 본 풍경을 말할 것이다

낮이 밤을 무서워한다고 속삭이는 겨울밤이 필요할 것이다
네가 들은 말을 할 것이다
네가 원하는 풍경을 말할 것이다

근사한 모든 것이 네가 보려던 찍으려던 풍경 같은 것이다

네 것이 아닌 육체를 담요처럼 덮는 사실을
물로 누르려고 해도
공허하게 뛰고 있는 육체는 네 것이 아닌 것처럼

이 집의 옷을 만지라고 하고 있다

너는 무슨 말을 어떻게 붙여야 할지 알 수 없을 것이다

(문학과사회 겨울)

시 작 노 트

나는 차가워져 있다

최 정 진 1980년 전남 순천 출생. 2007년《실천문학》신인상으로 등단. 시집으로『동경』이 있음. '는' 동인. bloodinink@naver.com

적기의 강한 신

글자를 거꾸로 읽어보거나 순서를 바꿔 읽어보는 습관이 있다

모텔 근처에 있는 노점상의 입간판 글씨
참외
수박을 세로로 **외박 참수**라 읽어보고

시계를 계시로
눈물을 물눈으로
효자손을 손자효로
교육을 육교로 읽어보았다

원나참
나원참
참나원
처럼
별탈이 없었다

그러나

대한민국 박사모를 모사박 국민한대
통일은 대박이다를 통일은 박대이다로

천안함 1번을 ↑A1(화살표 에이 원)으로 읽어보자

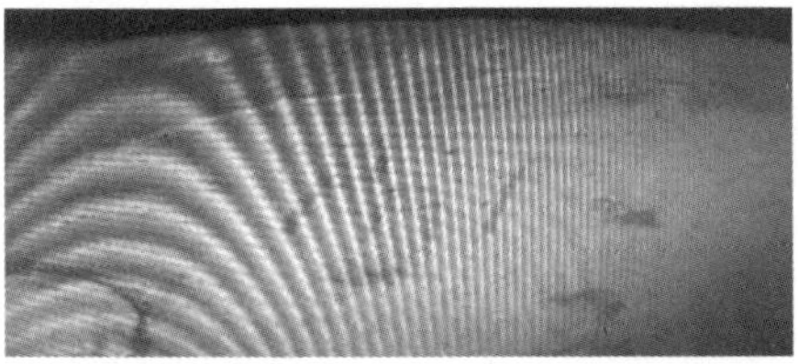

금방 시원한
사이다가 다이die사死로 읽히며
소변이 변소가 되어 마렵고
계단이 단계도 없이 생겨나고
소주가 주소가 된다

눈동자에 수갑을 채울 수도 없는
위험한 습관보다도 더 위험한
위험을 느끼는 마음에서
적기의 강한 신처럼 방해되고 싶다

(현대시학 3월)

함 민 복 1962년 충북 중원 출생. 1989년 서울예술대학 문예창작과 졸업. 1988년 《세계의문학》으로 등단. 시집으로 『우울씨의 일일』 『자본주의의 약속』 『모든 경계에는 꽃이 핀다』 『말랑말랑한 힘』 등과 산문집 『눈물은 왜 짠가』 등이 있음. hminbok@hanmail.net

허연

국경 2

무엇이 되든 근사하지 않은가

선을 넘을 수만 있다면

새의 자유를 생각하면 숨이 막혔다. 남은 알약 몇 알을 양식처럼 털어 넣고 소련제 승합차에 시동이 걸리기를 기다렸다. 오한이 들이닥쳤다. 서열에서 밀려난 들개 몇 마리 무너진 건물 주변을 서성이고 버려진 타이어 더미 위로 비현실적인 해가 지고 있었다. 오늘도 선을 넘지 못했다. 나는 아무것도 그립지 않다는 듯이 바닥에 침을 뱉으며 몇 마디 욕설을 중얼거렸다. 또 밤이 오는 게 무서웠다. 들개보다 AK-47보다 그리움이 더 끔찍했다. 지난 여름 폭격에 끊어진 송전탑에선 이따끔씩 설명할 수 없는 불꽃이 일었다. 아름다웠다. 나는 어느새 저주했던 것들을 그리워하고 있었다 나의 슬픈 무르가프

오늘도 선을 넘지 못했다

(시인동네 봄)

허 연 1991년 《현대시세계》로 등단. 시집으로 『불온한 검은 피』 『나쁜 소년이 서 있다』 『내가 원하는 천사』 등이 있음. 시작작품상, 현대문학상 수상. kebir@naver.com

홍성란

물억새의 노래

시달리는 건 억새꽃일까 마냥 부는 강바람일까
저 보드라운 자세도 헤어지는 시늉이니
어느 때 헤어질 것인가
아무도 모를 시한

헤어진다는 게 눈에 보이지 않는 거라면
영영 헤어진 아버지처럼은 말고
한동안 보이지 않는 게
헤어지는 거라면

해 뜰 때 나간 사람 돌아와 문을 여는
훗날 어느 백년까지 헤어지련다 헤어지련다
늦콩 둔 저녁을 지으며
마음 단단히 먹고

(애지 봄)

시 작 노 트

석양을 왼편으로 두고 앉아 간단없이 나부끼는 한강변 물억새를 바라보았다. 바람은 얼마나 제 몸을 다해 몸을 버려야 저 물억새 흰 머리카락을 흩어 없앨 수 있을까. 풍장.

풍장 아니어도 이승의 몸을 다 지우신 아버지. 그러나 헤어졌다가도 다시 만나는 사람들처럼, 해 뜰 때 일터에 나간 사람 돌아와 저녁을 먹듯이 헤어진다는 건 한동안 눈에 보이지 않는 것이리. 그러므로 헤어진다는 건, 오래 여물어온 늦콩을 넉넉히 얹어 구수한 저녁을 지으며 다시 만날 어느 훗날을 기다리는 일.

그러니까 헤어지지 않겠다는 노래를 나는 마음 단단히 먹고 부르는 것이다.

홍 성 란 1958년 충남 부여 출생. 1989년 중앙시조백일장 장원으로 등단. 시집으로 『황진이 별곡』 『바람 불어 그리운 날』, 시선집 『백여덟 송이 애기메꽃』 등이 있음. 유심작품상, 중앙시조대상, 한국시조대상, 대한민국문화예술상 등 수상. 유심시조아카데미 원장. srorchid@daum.net

홍일표

북극 거미

사과가 붉은 것은 햇볕의 농담이라고 말하는 순간 내 손은 순록의 뿔이 된다
다 안다는 듯 아이가 물방울처럼 웃는다

전화번호를 지우고 주소를 지우고 마지막 저녁의 표정도 지운다
새롭게 얼굴을 내민 아침의 각도가 거미줄에 걸려 있다 거미줄에서 부서지던 햇살들이 폭설로 흩날리는 밤에 나는 공중의 혈맥을 더듬던 금빛 거미를 찾는다

어제 살았던 아침을 껍질이 벗겨질 때까지 씻어내다가 어느덧 나는 국경 밖의 눈보라가 된다 열두 시간 전에 이국의 골목에서 듣던 눈썹 흰 노래였다

사라진 손으로 귀에 도착하지 않은 북극의 물소리를 만지는 밤

툰드라의 측백나무로 서서 여자의 몸에서 자라는 달을 본다

나는 들개 울음소리가 들리는 밤의 중심에서 밤을 포획하는 금빛 거미를 찾는다 태어나지 않은 아이의 손을 잡고 눈 먼 남자가 천천히 걸어온다 검은 남자의 수세기를 지나 베링해의 어두운 해안에 닿는 저녁

내 안의 거미가 긴 다리를 뻗어 얼음 같은 그믐달을 잘게 씹어 먹는다

(시산맥 봄)

시 작 노 트

시가 다시 당신에게 묻는다. 확실하게 믿고 있던 오후 6시는 무슨 색깔이냐고? 어디에서 온 시간이며 어디로 흘러갈 시간이냐고? 당신이 곧 시간이냐고? 나는 두 눈을 껌벅거리며 시간은 나를 삼킨 호랑이지만 내가 바로 호랑이라고 보르헤스처럼 중얼거리는 것이다.

홍 일 표 1988년 《심상》 신인상, 1992년 《경향신문》 신춘문예로 등단. 시집으로 『살바도르 달리풍의 낮달』 『매혹의 지도』, 평설집 『홀림의 풍경들』 등이 있음. 지리산문학상 수상. phyo58@hanmail.net

황학주

물의 종점을 지나 집으로 가는 길

바다에도 종점이 있고
디딜 때 시큰해지는 종점은 대부분 밤에 많다
집으로 기어가는 사람이 등장하는 밤
종점이 있어 항구의 변두리가 밝다
불이 켜지지 않은 채로 불빛이 스며 나오는
내 마음에 처음 찍힌 발자국은
종점과 함께 내 사랑에 있었다

'박란 슈퍼' 앞에서 눈을 감은 채 생수를 마시며
폭풍일 뿐인 능선을 생각한다
선박 수리소의 검은 배 하나가 바다로 가기 위해 조용히 눈을 감고 있다
나처럼 구옥을 유지하고 본래의 돌산에 대해 기억하는 사람은 줄어간다
종섬과 스칠 때처럼 나는 웃음을 흘리며 돌산 골목을 오른다
작은 노인들이 구부러진 등을 고집하며 사는 비탈엔
조개껍데기 깔린 길마다 조개껍데기 같은 별 그림자들이 많다

문득 가는 빗방울이 떨어져
손바닥에 받아 본다 연필을 쥐고 생각하듯
한 빗방울을 받아 쥔다 이 빗방울은 짐을 싸든 채

한없이 밤길을 내려오다 해쓱해진 것이다 한번만 그어지는 성냥불을 써버리고
누군가의 손바닥 위에 잠들어 버리는 시처럼

한 번씩 하품이 백발을 늘어뜨리며 간다
문득 하얗게 밤꽃을 뒤집어쓰고 있는 밤나무와 만난다
일생 백설을 연습한 듯 꽃을 줄줄 흘리다 고인이 될 것 같은 고목,
지상의 높은 한 종점에
흰 포말을 풀어놓은 바다가 비릿하고
잃어버린 것을 닮아 아름다워진 고목의 그늘을 지나면 집이었다

가족사진이 지갑에서 빠진 줄도 모른 채 집으로 돌아가는 어부가 있다
바다로 가는 동안
태풍도 하냥 집으로 가는 한 벗이겠다

(시산맥 가을)

시 작 노 트

한 빗방울이 있고, 종점은 한 빗방울을 위해 구불구불 등을 말고 누워 있는 거지.

황 학 주 1954년 광주 출생. 1987년 시집 『사람』으로 작품 활동 시작. 시집으로 『노랑꼬리 연』 『사랑할 때와 죽을 때』 등이 있음. hakjooh@hanmail.net

2015 '작가'가 선정한

오늘의 시집

곽효환 김경미 김선태 김
슬픔의 뼈대_밤의 입국 심사_그늘의 깊

신경림 안상학 유재영 이
사진관집 이층_그 사람은 돌아나오고 나는 거기 없었네_와온의 저

이제니 이태수 전동균 정
왜냐하면 우리는 우리를 모르고_침묵의 결_우리처럼 낯선_

재 김이듬 나희덕 문정희

답_히스테리아_말들이 돌아오는 시간_응

리 이성복 이승은 이재무

은 그런 것이에요_어둠속의 시_넬라판타지아_슬픔에게 무릎을 꿇다

별 최금진 최동호

가_사랑도 없이 개미귀신_수원 남문 언덕

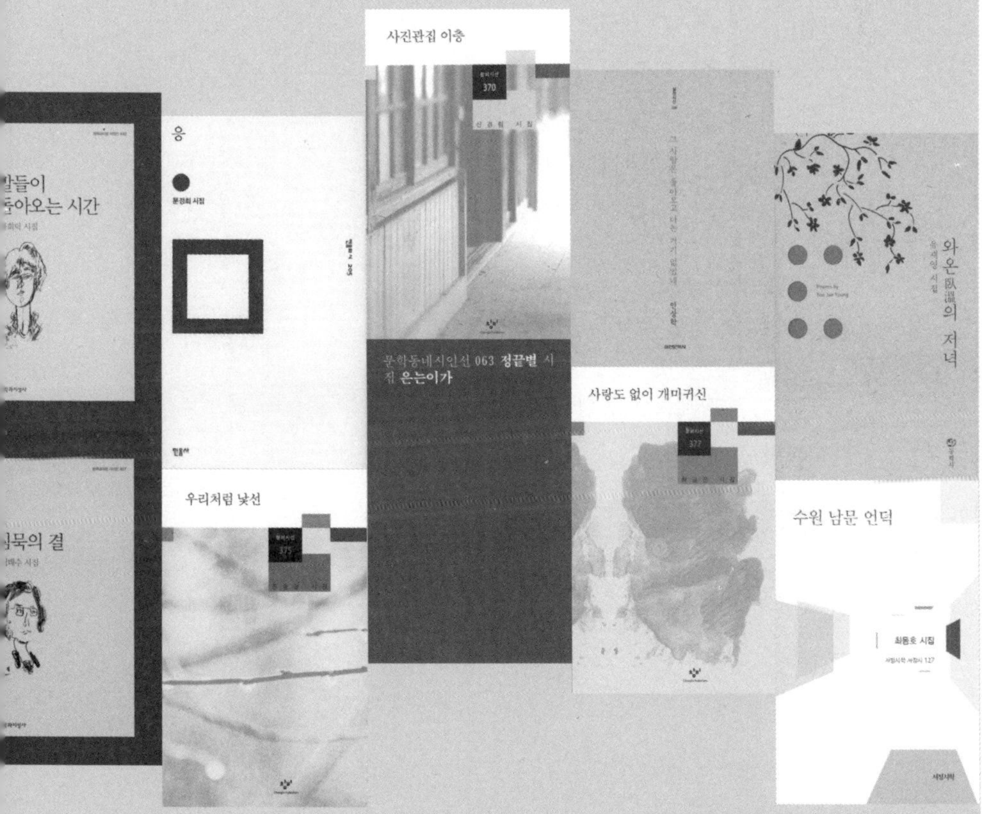

곽효환

강물도 바닷물도 느릿느릿 몸을 섞는
남도 강어귀
언덕을 하얗게 뒤덮던 배꽃 분분히 졌어도
새벽 강은 다시 안개를 밀어 올리네
노오란 유채꽃 피워 올리네
청보리 진초록으로 몸서리치면
먼 산 아래 양귀비 각혈하겠네
강물도 바닷물도 붉게붉게 물들겠네

물안개 길어 올리는 포구
나룻배 한 척 젖은 그물을 던지네
물과 뭍의 경계가 혼몽한 어디쯤
뭍바람 등에 지고
안개 자욱한 강둑길을 걷는 사내가 있네

—「만춘」 전문

근원과 순수를 향한 길고 깊은 앓이들

— 곽효환 시집 『슬픔의 뼈대』(문학과지성사)

곽효환은 삶의 신산한 풍경에 가려진 순수에게 손 내밀고 격변의 틈에서 신음하는 근원을 부축하고자 한다. 그러나 시인이란 구원자이기보다는 근본적으로 무력할 수밖에 없는 존재에 가깝다. 그러므로 무자비한 개발 논리, 갈등만 쌓여 가는 사회, 자본에 눈먼 욕망들 앞에서 수없이 좌절하는 모습을 보이는 건 어쩌면 당연한지도 모른다. 시인은 "남들보다 빨리 움츠러들고, 남들보다 소심하게 반응하지만 대신 먼저 아프고 오래 앓고 마지막까지 질문한다"(표4)고 고백한다. 이번 시집의 예순여섯 시편들은 시인이 그렇게 주저하고 망설이며 다가간 고통의 중심에 서 있다.

곽효환의 시를 따라가다 보면 한국 사회의 부조리를 응시하는 시선과 자주 마주친다. 정치, 사회, 경제 전반에 포진해 있는 비합리를 바라보는 그의 동공은 매번 불안하게 흔들리고 있다. 천안함 사태를 떠올리게 하는 '서쪽 바다' 에서 솟아오른 '거대한 물기둥' (「늦게 핀 꽃들의 저녁」)이나 종로 일대의 재개발 풍경(「피맛길을 보내다」) 앞에서 시인이 체험하고 있는 것은 짙은 무기력이다. 시인의 번뇌는 「도심의 저녁 식사」에서 좀 더 감각적으로 드러난다. 대결할 상대는 '창밖 하늘 아득한 곳까지 닿아 있는 타워크레인' 처럼 위압적이다. 그에 비해 시인은 가장 낮은 곳, 텅 빈 식당에 홀로 앉아 있는 나약한 사무원일 뿐이다. '해고는 살인' 과 같은 거친 표어도 '식은 국밥의 굳은 기름' 처럼 감동 없이 들린다. 그러나 끝내 시인은 목이 메어 밥알을 삼키지 못한다.

— 출판사 서평 中

곽 효 환 1967년 전북 전주 출생. 2002년 《시평》으로 작품 활동 시작. 시집으로 『인디오 여인』 『지도에 없는 집』 『슬픔의 뼈대』, 저서 『한국 근대시의 북방 의식』, 『구보 박태원의 시와 시론』 외에 여러 권의 공동 시집, 공저, 편저와 논문이 있음.
kwakhwan@hanmail.net

김경미

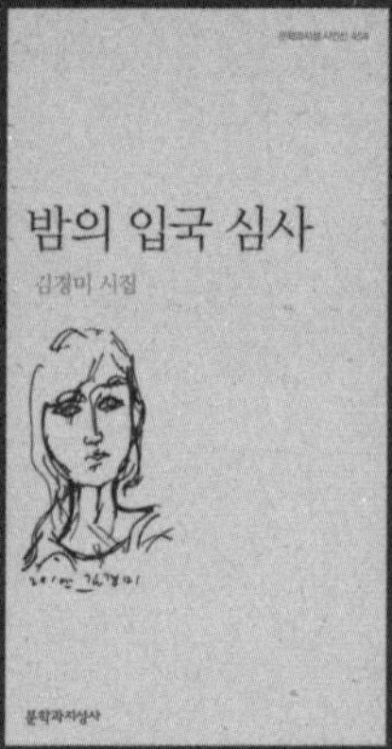

얇고 긴 입술 하나로
온 밤하늘 다 물고 가는
물고기 한 마리

외뿔 하나에
온몸 다 끌려가는 검은 코뿔소 한 마리

가다가 잠시 멈춰 서는 검정고양이
입에 물린
타악기처럼 파닥이는,

검정 그물

나도 당신이란 세계를
그렇게 다 물어 가고 싶다

—「초승달」 전문

'나' 라는 이상함, 혹은 불편하게 살아가기
— 김경미 시집 『밤의 입국 심사』(문학과지성사)

김경미의 시는, 1983년 데뷔 이후 30여 년의 시작 생활 동안, 한 번은 크게 한 번은 작게 변화했다. 이 변화를 통해 김경미는 세상과의 불편함으로부터 타인과의 불편함으로, 타인과의 불편함으로부터 자신과의 불편함으로 옮겨 가는 시세계를 보여주었다.

시의 변화과정에서 볼 때 김경미의 시집 『밤의 입국 심사』는 바로 전 시집과 같으면서도 다르다. 이번 시집은 자신에 대한 반성적 성찰이 주조를 이루고 있다는 점에서는 네 번째 시집의 연장선상에 있지만 '나' 에 대한 성찰이 앞의 경우보다 훨씬 집중적으로 치열하게 이루어지진다는 점에서는 구별되는 까닭이다.

김경미의 이번 시집은 지금까지 살펴보았듯이 '나' 라는 이상함에 대한 고백과 그 이상함이 주는 불편함을 성찰하는 모습으로 가득 차 있다. 안정적이고 편안한 '나' 에 대한 성찰이 아니라 항상 낯설고 이상하고 불편한 현재의 '나' 에 대한 성찰이 중심을 이룬다. 불편함의 근원을 타인이나 세상에 먼저 전가하는 것이 아니라 마치 마음먹고 자신을 닦달하려는 듯이 '나' 의 문제에서부터 꼼꼼하게 파헤치고 있는 것이 이번 시집의 특징인 것이다. 모든 성찰 속에는 새롭고 더 나은 상태에 대한 열망이 숨어 있다는 점에서 이번 시집은 현재의 '나' 에 대한 기록이며 미래의 '나' 를 위한 씨앗이다.

— 출판사 서평 中

김 경 미 서울 출생. 1983년 《중앙일보》 신춘문예로 등단. 시집으로 『쉿, 나의 세컨드는』 『고통을 달래는 순서』 『밤의 입국 심사』, 산문집 『바다, 내게로 오다』, 심리 에세이 『행복한 심리학』이 있음. 2005년 노작문학상 수상. lilac-namu@hanmail.net

김선태

문학동네시인선 062 **김선태 시집 그늘의 깊이**

꽃이다 세상 모든 것들은
저마다 꽃을 피운다

화려하고 귀한 꽃에서부터
풀섶 희미하게 웃고 있는 들꽃까지

시간의 검버섯 핀 돌꽃, 쇠꽃, 곰팡이꽃으로부터
쓰라린 마음속에 피는 속울음꽃까지

아무리 하찮고 보잘것없는 꽃들도
저마다 색깔과 모양과 향기를 지니고 있다
저마다 뿌리내린 영토 안에서
안간힘으로 스스로를 피워낸다

꽃이다 알고 보면
너도 나도 다, 꽃이다
다꽃이다.

—「다꽃」 전문

깨끗한 외로움 하나를 담금질하고 싶다

— 김선태 시집 『그늘의 깊이』(문학동네)

남도에 대한 향수를 머금고 드넓은 바다의 풍광과 바닷사람들의 삶을 세밀하고 아름답게 묘사해 온 김선태 시인의 다섯 번째 시집 『그늘의 깊이』가 문학동네에서 출간되었다. 『살구꽃이 돌아왔다』 이후 6년 만에 펴내는 이번 시집에서 시인의 더 깊어진 성찰은 마음의 바다에 가라앉은 오래된 것들을 언어로 건져 올려 말갛게 씻어 낸 후 우리에게 건넨다.

김선태에게 바다는 늘 뭇 생명들이 살아 숨쉬는 역동적인 공간이다. 먹을 거리를 제공해 주며 자애를 베풀기도 하지만, 풍랑이 거칠 때면 무수한 뱃사람들을 데리고 가기도 하는 경외스럽고 신적인 존재이기도 하다. 천지불인天地不仁이라 했던가.

어쩌면 인간은 바닷가의 절벽 위에 홀로 선 존재다. "삶과 죽음이 나란한 직벽"에서 "까맣게 타 버린 한 점 섬"(「흑산도」)처럼 서 있는 존재다. 그래서 바닷사람들에게 삶과 죽음은 멀리 떨어져 있는 것이 아니다. 시인은 이들에게서 고통스런 세상을 결연히 살아가는 한 방법을 본다. 그래서 바다를 이루고 있는 본질이라 할 수 있는 물을 닮고자 노력한다. "波~瀾~萬~丈" 흐르며 "곡曲"과 절折"을 만들고(「강」), 뱃속의 장을 따라 흘러가는 술 한잔에서도 길을 본다(「진노 홍수」). 또한 1부의 제목이기도 한 '물북'은 아무리 두드려도 소리가 나지 않음에도 듣는 이의 심금을 울리는 '정중동靜中動'의 북이다. 이런 물북의 절창이 시인이 추구하는 것과 비슷하지는 않을까.

— 출판사 서평 中

김 선 태 전남 강진 출생. 1993년 《광주일보》 신춘문예, 《현대문학》으로 등단. 시집으로 『간이역』 『작은 엽서』 『동백숲에 길을 묻다』 『살구꽃이 돌아왔다』, 문학평론집으로 『풍경과 성찰의 언어』 『진정성의 시학』 등이 있음. 애지문학상, 영랑시문학상, 전라남도문화상 수상. 목포대학교 국어국문학과 교수. ksentae@hanmail.net

김영재

何必이면 왜 不必인가요
큰스님께 여쭈었다

하필을 알게 되면
불필을 깨달을 것이다

친딸과 친아버지가
오랜만에 함께 웃었다

—「화답」 전문

시조의 '고유성'과 표현의 '독창성'을 결속
— 김영재 시집 『화답』(책만드는집)

『화답』은, 서정시가 가지는 심미적 역설의 미학을 집약하고 있는 조찰하고도 아름다운 풍경첩이 아닐 수 없다. 시인은 자연 형상의 심미적 잔상들 안에서 번져 나오는 다양한 풍경들을 채집하고 그것을 감각적으로 표현하면서, 그것들로 하여금 근대가 상실한 느릿하고도 풍요로운 역설의 미학을 구축하게끔 하고 있다.

삶과 죽음, 빛과 어둠, 생성과 소멸, 진화와 퇴화 같은 것들은 김영재 시편에서 선명한 분절적 개념이 아니라 한 몸으로 묶여 모든 사물과 운동을 규율하는 양면적 속성으로 등장한다. 잘 씌어진 '시'를 통한 이러한 상상적 전회 경험은, 감각의 쇄신과 인지의 충격을 동시에 선사하면서, 우리로 하여금 새로운 세계에 발을 들여 놓게 한다. 이러한 그의 시편들이야말로 감각의 쇄신과 인지의 충격을 우리에게 보여주는 뜻 깊은 실례일 것이다. 왜냐하면 그의 시 안에서 우리는 삶이라는 것이 단선적 질서에 의해 전개되는 것이 아니라 대립적이기까지 한 많은 것들이 복합적으로 통합된 채 흘러가는 것이고, '시'가 자기 충실성을 벗어나 타자들의 오랜 시간에까지 관심을 확장해 가는 것임을 경험하게 되기 때문이다.

그런데 우리는 여기서 "왜 굳이 시조인가?"라는 원론적 질문을 던져 볼 수 있다. 자유시로도 표현 가능한 것을 왜 시조라는 구속적 형식을 통해 표현하려 하는가? 이러한 질문과 마주할 때, 우리는 '시조'에는 어떤 고유한 표현 형식과 자질이 있다는 점에 상도想到하게 된다. 우리는 정형 양식으로서의 속성을 한껏 지키면서 한편으로는 새롭고도 기억할 만한 독자적 해석과 감각을 보여주는 김영재 시편을 깊이 기억할 수 있을 것이다.

— 출판사 서평 中

김 영 재 전남 승주 출생. 1974년《현대시학》으로 등단. 시집으로『화엄동백』『겨울별사』『참나무는 내게 숯이 되라네』『다시 월산리에서』『사랑이 사람에게』『절망하지 않기 위해 자살한 사내를 생각한다』등이 있음. 1998년 중앙시조대상 수상.chaekjip@naver.com

김이듬

내 마음의 기생은 어디서 왔는가
오늘 밤 강가에 머물며 영감靈感을 뫼실까 하는 이 심정은
영혼이라도 팔아 시 한 줄 얻고 싶은 이 퇴폐를 어찌할까
밤마다 칼춤을 추는 나의 유흥은 어느 별에 박힌 유전자인가
나는 사채 이자에 묶인 육체파 창녀하고 다를 바 없다

나는 기생이다 위독한 어머니를 위해 팔려간 소녀가 아니다 자발적으로 음란하고 방탕한 감정 창녀다 자다 일어나 하는 기분으로 토하고 마시고 다시 하는 기분으로 헝클어진 머리칼을 흔들며 엉망진창 여럿이 분위기를 살리는 기분으로 뭔가를 쓴다.

—「시골 창녀」 부분

삶의 근원적인 체험으로 환대하여 승화된 언어들

— 김이듬 시집 『히스테리아』(문학과지성사)

김이듬은 도처에서 맞닥뜨릴 만한 불쾌하지만 사소한 것을 시 안으로 끌어들인 뒤 의미를 강력하게 확장하곤 한다. 이를테면 주문한 것과 다른 음식을 받아 든 순간의 내적 갈등을 들여다보면서 세계와의 대결은 늘 영역 밖으로의 추방과 제거가 전제되어 있던 기억을 소환하거나(「사과 없어요」) 맹인 안마사의 지리멸렬한 인생 역정을 듣는 와중에 시를 쓰는 일의 의미를 반성하기도 하는(「변신」) 식이다. 그러나 김이듬은 이렇게 히스테리를 불러일으키는 장면들을 외면하지 않고 그것이 바로 삶을 구성하는 근원적인 요소이며 고귀한 체험이라고 기꺼이 받아들인다. 사태의 발생과 시인의 수용 사이에 체념이나 회피가 아닌 돌올한 시 혼으로 일궈 낸 예술적 승화가 일어난다.

히스테리아라는 기묘한 나라는 앞선 시집들에서 해온 작업들에 비추어 김이듬만이 세울 수 있는 세계임은 두말할 나위 없다. 그렇다면 히스테리아는 어디에 터전을 잡고 있는가. 보편적인 인식으로 세계를 중심과 주변부로 나누려 한다면 히스테리아는 분명히 주변부 어디에 울타리를 치고 있을 것만 같다. 그러나 김이듬의 히스테리아는 여럿이서 하나를, 다수가 소수를 둘러싸고 박해를 가하는 그 현장을 말하는 중이다. 바로 그 현장에서라면 진짜 중심은 어디인가 하는 것이 김이듬의 질문이 아닐까. 김이듬은 이번 시집을 통해 박해의 한가운데로 기꺼이 들어가서 '하나'의 목소리, 소수의 목소리를 따라 외친다. 오직 '차이'로서만 존재 가치를 증명할 수밖에 없는 이들이지만 지금부터는 가능성이 될 수 있음을, 그리고 그 가능성이 주변으로 전이될 것임을 활발하고 솔직한 시어로 주장한다. 그 최종 목적이 어우러짐을 향하고 있음은 물론이다.

— 출판사 서평 中

김 이 듬 경남 진주 출생. 2001년 《포에지》로 등단. 시집으로 『별 모양의 얼룩』 『명랑하라 팜 파탈』 『말할 수 없는 애인』 『베를린, 달렘의 노래』, 장편소설 『블러드 시스터즈』가 있음. 시와세계작품상, 김달진창원문학상, 올해의좋은시상 수상. idumkim@daum.net

나희덕

제 마른 가지 끝은
가늘어질 대로 가늘어졌습니다.
더는 쪼개질 수 없도록.

제게 입김을 불어넣지 마십시오.
당신 옷깃만 스쳐도
저는 피어날까 두렵습니다.
곧 무거워질 잎사귀일랑 주지 마십시오.

나부끼는 황홀 대신
스스로의 棺이 되도록 허락해주십시오.

부디 저를 다시 꽃 피우지는 마십시오.

—「어떤 나무의 말」 전문

상실과 부재의 아픔을 껴안는 사랑의 힘
— 나희덕 시집 『말들이 돌아오는 시간』(문학과지성사)

첫 시집 『뿌리에게』(창비, 1991)를 필두로 등단 초기에 자기희생과 소멸까지 감내하며 묵묵히 포용하는 대지와 초목의 은밀한 교감 그리고 그 생성의 궤적에 주목했던 시인은 이번 시집의 첫 장에 한 그루의 나무로 자신을 설정하고 마를 대로 마른 가지의 이미지에 스스로를 투영한다. "나부끼는 황홀 대신/ 스스로의 棺이 되도록" 허락해 달라는(「어떤 나무의 말」) 간절한 호소는 언뜻 내적 세계에 봉인된 시적 화자의 소멸과 쇠락을 향한 죽음 충동으로 읽힐 수 있다. 실제로 혈육이나 타인의 죽음이 초래한 슬픔과 애도로 가득하거나(「그날 아침」 「피부의 깊이」 「불투명한 유리벽」 「다시, 다시는」 「식물적인 죽음」 「취한 새들」 「그들이 읽은 것은」), 최근 정치사회적으로 큰 파장을 불러온 사건들에 대한 감회를 담는 등(「아홉 번째 파도」) 주로 2부와 3부에 안타까운 죽음과 상실의 시간들("피에서 솟구친 노래, 모래언덕을 잃어버린 파도"-「들리지 않는 노래」)이 산재해 있다.

그렇게 한동안 감정의 격랑을 치러 낸 시인은 육체와 감정의 부피가 줄어들 대로 줄어든 불모의 상황("희박해진다는 것/ 언제라도 흩날릴 준비가 되어 있다는 것"-「뿌리로부터」)을 거치면서 자기 파괴의 우울의 시간("독백도 대화도 될 수 없는 것/ 비명이나 신음, 또는 주문이나 기도에 가까운 것// 혀와 입술 대신/ 눈이 젖은 맞을 흘려보내는 밤/ 손이 마른 밀을 반시며 부스럭거리는 밤"-「상처 입은 혀」)을 벗고 조금씩 회복의 시간을 꿈꾼다.

— 출판사 서평 中

나 희 덕 1966년 충남 논산 출생. 1989년 《중앙일보》 신춘문예로 등단. 시집으로 『뿌리에게』 『그 말이 잎을 물들였다』 『그곳이 멀지 않다』 『어두워진다는 것』 『사라진 손바닥』 『야생 사과』 『말들이 돌아오는 시간』, 시론집 『보랏빛은 어디에서 오는가』 『한 접시의 시』, 산문집 『반통의 물』 『저 불빛들을 기억해』 등이 있음. 김수영문학상, 오늘의 젊은예술가상, 현대문학상, 이산문학상, 소월시문학상, 임화예술문학상, 미당문학상 등 수상. rhd66@hanmail.net

문정희

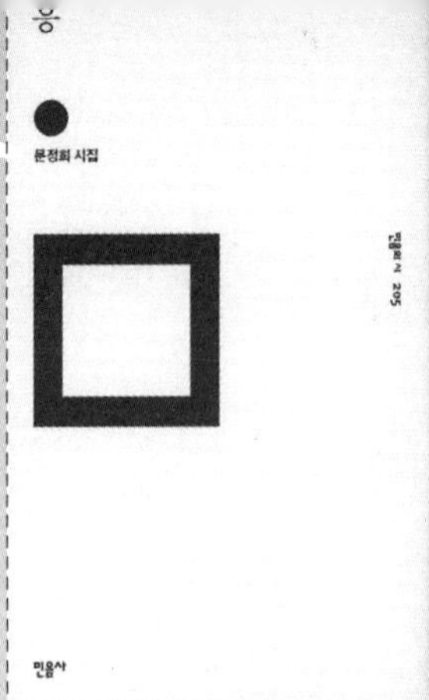

나하고 나뿐이다
뼛속에 유빙遊氷이 떠다닌다

나는 나이테 없는 식물 같은 동물
피 다 증발해 버린 빙하기를 사는
독거의 꽃

불가해한 선사先史에서 흘러온
소금 기둥이다

불꽃의 순간을 두들기는
허공의 하루살이이다

나하고 나하고 나뿐이다

—「독거」 전문

우주적 메타포와 결합하다

— 문정희 시집 『응』(민음사)

문정희 시인은 이번 시집 『응』에 실린 '시인의 말'에서 이렇게 말한다. "시가 차오를 때면 응! 야성의 호흡으로 대답했다. 어느 땅, 어느 년대에도 없는 뜨겁고 새로운 생명이기를." 이 시집은 그렇게 시가 가득 차오를 때마다 '응' 하고 야성의 호흡으로 대답한 78편의 시편들로 이루어져 있다.

문정희는 페미니즘이나 여성시라는 명칭조차 낯설던 1970년대 초부터 한국 여성의 사회적 · 실존적 조건을 집약적으로 표현한 작품을 선보였을 뿐만 아니라 여성의 몸과 마음에서 생명의 가치를 발견하고 그것을 시로 형상화하는 선구적 작업을 전개했다.

문정희 시의 독자성은 관념이나 학습에서 나온 것이 아니라 그녀의 육체와 영혼의 내부로부터 자연스럽게 솟아난 것이다. 그녀는 자신이 가야 할 방향을 향해 눈치 보지 않고 의연하게 전진하는 추진력을 지녔다. 그렇기에 자신의 몸을 시의 질료로 내세워 자신이 하고 싶은 말을 거침없이 토로한다.

문정희의 시는 어렵지 않다. 삶에 대한 깊은 성찰이 느껴지면서도 결코 슬프지도 무겁지도 않으며, 오히려 경쾌함과 발랄함이 느껴진다. 그 이유는 그녀의 시어들이 일상적인 자연스러움이 그대로 묻어나는 편안한 일상어들이기 때문이다. 하지만 아무리 평범한 시어도 그녀의 입술을 거치는 순간, 아름다운 한 편의 시로 탈바꿈한다. 이처럼 그녀는 일상의 편린 속에서 번뜩이는 예술적 순간을 포착해 내며, 고유한 한국적 감성에 범세계적 보편성을 가미한 독특한 시 세계를 구축해 왔다.

— 출판사 서평 中

문 정 희 1969년 《월간문학》 신인상으로 등단. 시집으로 『오라, 거짓 사랑아』 『나는 문이다』 『다산의 처녀』 『카르마의 바다』 외 시선집 등과 다수의 저서가 있음. 현대문학상, 소월시문학상, 육사시문학상, 스웨덴 '시카다' 상 등 수상. poetmoon@gmail.com

신경림

사진관집 이층

나이 들어 눈 어두우니 별이 보인다
반짝반짝 서울 하늘에 별이 보인다

하늘에 별이 보이니
풀과 나무 사이에 별이 보이고

풀과 나무 사이에 별이 보이니
사람들 사이에 별이 보인다

반짝반짝 탁한 하늘에 별이 보인다
눈 밝아 보이지 않던 별이 보인다

—「별」 전문

기교 없이도 묵직하고 가슴 저릿한 대가의 시편들
— 신경림 시집 『사진관집 이층』(창비)

문단뿐만 아니라 우리 사회의 올곧은 '원로'로서 익숙하고 친근한 이름 석 자만으로도 든든한 버팀목으로 우뚝 서 있는 신경림 시인이 신작 시집 『사진관집 이층』은 시인의 열한 번째 신작 시집이자 『낙타』(창비, 2008) 이후 6년 만에 펴내는 이번 시집에서 시인은 "한평생 가난한 삶들에서 우러나오는 이야기들을 고졸하게 읊조리며 인생에 대한 깨달음"을 건네는 "맑고 순수하고 단순한 시편들"(이경철, 발문)을 선보이며, 지나온 한평생을 곱씹으며 낮고 편안한 서정적 어조로 삶의 지혜와 철학을 들려준다.

세상은 바뀌었지만, 돌아다보면 지나온 길이 그립고 아름답게 빛난다

자연의 순리대로 세월은 가고 시인은 나이가 들었다. 시인은 "눈이 어두워지고 귀가 멀어져/ 오히려 세상의 모든 것이 더 아름다웠다"(「다시 느티나무가」)고 말한다. 그러나 "하늘을 두려워 않고 자연을 넘보면서 뿌린 오만의 씨앗"('원 달러')으로 인한 재앙과 "매몰찬 둑에 뎅겅 허리를 잘리기도 하는"('담담해서 아름답게 강물은 흐르고') 강을 바라보면서 마구잡이 환경 파괴에 비판의 시선을 내쏘기도 한다. 지구상 곳곳에서 지진으로 수많은 목숨이 땅에 묻히고, 허리케인과 쓰나미가 덮쳐 수천수만의 생명을 휩쓸어간 재앙의 현장에서 시인은 "쓰나미 속에서 팔 하나가 잘려나간 부처님"이 "빙그레 웃고만 계신"('빙그레 웃고만 계신다') 모습에 섬뜩함을 느끼기도 하면서, "하느님은 지금/ 어데서 어떤 눈으로 우리를 내려다보고 계시는가"('신발들') 탄식하듯 묻는다.

— 출판사 서평 中

신 경 림 1935년 충북 충주 출생. 동국대 영문과 졸업. 1956년 《문학예술》에 「갈대」 등을 발표하면서 창작 활동 시작. 시집으로 『농무』 『새재』 『달 넘세』 『가난한 사랑 노래』 『길』 『쓰러진 자의 꿈』 『어머니와 할머니의 실루엣』 『뿔』 『낙타』 『사진관집 이층』, 장시집 『남한강』, 산문집 『민요기행』1 · 2, 『신경림의 시인을 찾아서』 1 · 2, 『바람의 풍경』 등이 있음. 만해문학상, 이산문학상, 대산문학상 등 수상. 동국대 석좌교수.
kyungrim@uriedu.co.kr

안상학

심장이 아프면 발바닥 혈을 누른다
꾹꾹 누르면 심장인 듯 통증이 인다

지압을 하면서 나는 중국의 어느
한쪽 팔이 없는 발레리나와
한쪽 다리가 없는 무용수가
짝이 되어 한 몸인 듯 추던 춤을 떠올린다
심장이 아파도 같이 아플 발이 없는 사내
발이 있어도 같이 주무를 손이 없는 계집
서로의 손과 발이 되어 통점을 어루만지는
둘이서만 출 수 있는 그 춤을 떠올린다

—「지압」 부분

사랑의 통증과 슬픔의 깊이를 노래
— 안상학 시집 『그 사람은 돌아오고 나는 거기 없었네』(실천문학사)

"사람은 고독할 때만이 자신과 이웃에 대해 진실할 수 있다. 안상학의 시에는 유난히 외로움이 가슴 아프도록 깔려 있다. 외로움을 아는 인간은 그 외로움에 대한 소중함도 안다. 결코 외로움을 떨쳐버리려는 무모한 짓은 말아야 한다. 고독을 지켜나가는 것, 그것이 시를 쓰는 또 하나의 이유가 될 것이다."

아동문학가 고故 권정생 선생이 안상학 시인의 한 시집에 부친 말이다. 그의 말마따나 이번 시집에는 안상학 시인의 가슴 아픈 외로움이 도처에 깔려 있다.

사랑하는 것들은 우리 곁을 쉽게 떠난다. 시인이 '아버지'라 부르던 권정생 선생은 몇 해 전 세상과 이별했다. "평소 자신의 몸 상태를/ 멀쩡한 사람이 쌀 석 섬 지고 있는 것 같다"던(「쌀 석 섬」), "콩팥이 안 좋아서" 전화번호마저 "팔어팔으 콩팥콩팥"이던(「858-0808」) 권정생 선생, 그리고 "이를 악물고" 살다가, "이 악물고 술 마시고/ 이 악물고 노래하고/ 이 악물고 시를" 쓰다가 몇 해 전 노동절에 역시 "이 악물고" 죽은 임병호 시인(「임병호」), "뿌리 뽑아 씻어 들고 서울 떠나 해남으로 간/ 물푸레나무" 시인(「어느 물푸레나무 시인의 죽음」), "5·18 기념일에 돌아가신 아버지", "박영근 시인", "박경리 선생"(「오월」), 그리고 "잊지 못할 단원고 250 꽃들"(「엄마 아빠 노란 리본을 달고 계세요」)까지 살아생전 그와 옷음을 나눈 사이든, 그렇지 않든 그의 곁을 떠난 이들을 시인은 가슴 아프게 호명한다.

생은 단 한 번의 시작과 끝이 아니라, 수없이 많은 시작과 끝의 연속이다. 그 안에 "기쁜 사랑"과 "슬픈 사랑"이 있을 것이고(「어매」), "치열한 사랑일수록/ 닮아가는 것이 아니라/ 서로가 서로다워지는 것"(「바지랑대」)이라는 시인의 말을 믿으면 오늘의 한 이별에 조금 더 담대해질 수 있지 않을까.

— 출판사 서평 中

안 상 학 1962년 경북 안동 출생. 1988년 《중앙일보》 신춘문예로 등단. 시집으로 『그대 무사한가』 『안동소주』 『오래된 엽서』 『아배 생각』, 평전으로 『권종대—통일걷이를 꿈꾼 농투성이』가 있음.artandong@hanmail.net

유재영

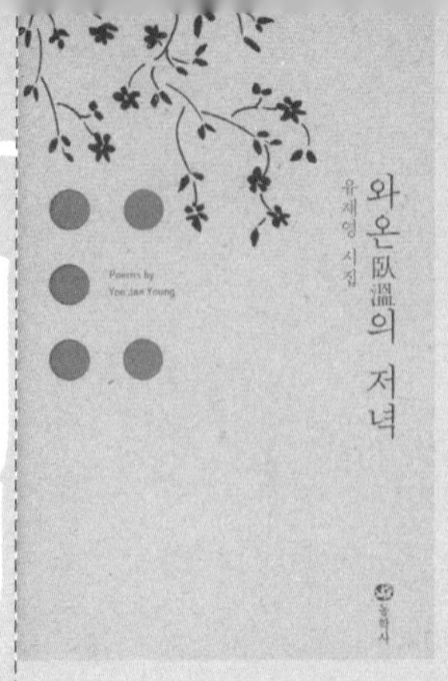

어린 물살들이 먼 바다에 나가 해종일 숭어새끼들과 놀다 돌아올 시간이 되자 마을 불빛들은 모두 앞 다퉈 몰려나와 물길을 환히 비춰주었다.

* 와온臥溫) : 동쪽으로는 전라남도 여수시, 남서쪽으로는 고흥반도와 순천만에 접해있는 해변 이름.

—「와온臥溫의 저녁」 전문

가장 작은 것에서 찾은 아름다운 은유의 공간

— 유재영 시집 『와온臥溫의 저녁』(동학사)

유재영 시인의 시에서 우리는 극서정의 실체를 눈으로 읽고 귀로 듣는다. 그의 시는 노숙하는 가랑잎 가족, 소복한 야생 오리 발자국, 초식동물의 영혼, 옥색긴꼬리누에 집, 물잠자리 그림자, 토란잎에 고인 이슬, 죽어 가는 동물 턱관절 내려놓는 소리 등에 민감하다.

우리 시단의 과작 시인으로 알려질 만큼 염결성과 함축과 절제가 돋보이는 이번 시집은 등단 40년 만에 출간한 네 번째 시집이며, 『고욤꽃 떨어지는 소리』 이후 9년 만에 출간한 시집이라는 점에서 갖는 의미가 크다.

문학평론가이며 서울대 교수인 김유중은 시집 해설에서 '인간의 언어로 쉬이 다가갈 수 없는 그런 느낌, 생각의 파문' 을 주목하며 '고요한 명상의 시간을 가져 보는 시인의 지혜가 돋보이는 순간들' 이라고 지적했다.

'떨어지는 나뭇잎 한 장에서 경전의 깊이' 를 읽는 감성적 공간 확보와, 우리가 쉽게 지나치는 사물에 대한 짧고도 선명한 그의 섬세한 독해력은 많은 비평가들로부터 꾸준히 '한국시의 새로운 인식' 으로 평가되어 왔으며, 그것은 시인 유재영만이 갖는 특별한 은유의 공간이자 내밀한 서정의 기록이다.

— 출판사 서평 中

유 재 영 1948년 충남 천안 출생. 시집으로 『한 방울의 피』 『지상의 중심이 되어』 『고욤꽃 떨어지는 소리』, 시조집 『햇빛 시간』 등이 있음. 오늘의시조문학상, 《중앙일보》 시조대상, 이호우문학상, 편운문학상 등 수상. dhsbook@hanmail.net

이규리

그해 봄은 참혹이라고 씌어 있었다
온 힘을 다해 제 생을 툭, 툭, 떨구던 거북이 주름진 항문을 천천히 오므릴 때
하나의 사랑이 끝났다
사랑은 주름이 자글자글하다
모르겠다
그냥 헐겁게 끝이 났을 뿐이다
자랑도 수고도 아니라는 듯
천천히 닫아거는 눈꺼풀

결과물이 툭 떨어지는 순간,

모래를 뒤집어썼다

—「생일」 전문

삶의 비의에 응답하는 따뜻한 시선

— 이규리 시집 『최선은 그런 것이에요』(문학동네)

이규리가 포착한 삶의 순간은 씁쓸한 웃음을 남긴다. 말의 무력함을 경험하면서, 그저 목격하고 바라보아야만 하는 삶의 순간이 있음을 인정하는 시인의 '담담한 현실주의'는, 아프다고 말하지 않음으로써 말해지지 않은 슬픔을 더욱 돋보이게 한다. "상견례하는 자리에서/ 한쪽 인조 속눈썹이 떨어져나간 것도 모르고/ 한껏 고요히 앉아 있"는, 이 우스꽝스러운 상황에서 "각기 지닌 삶이 너무 진지해서" 그저 "저, 저," 망설일 뿐 "말해주지 못"하는 때. 삶의 불가항력과 외로움을 경험해본 사람이라면 고개를 끄덕일 수밖에 없는 쓸쓸함이 담담한 어조에 배어 있다. "숨이 차서, 또 어찌할 수 없어서, 일렁이는 마음 감추려 또 괜한 말을 하는" '당신'의 아픈 몸을 가만히 받쳐주면서 시인은 "저 꽃 이름이 뭐지?"라고 말을 반복하는 '당신'의 안색에 활짝 핀 고통을 느낀다.(「해마다 꽃무릇」)

백합나무는 tulip tree라고도 하며 나무 상단에 튤립 모양의 연둣빛을 띤 노란색 꽃이 핀다. 나무는 키가 큰데 꽃은 위를 향하고 있어 아래서는 좀처럼 꽃을 보기 어렵다. 이는 존재에 대한 탁월한 비유로 읽힌다. 자식과 부모는 혈연으로 맺어진 누구보다 긴밀한 사이이지만 그럼에도 서로의 삶을 대신 살아줄 수 없다. 스스로 자기의 존재를 책임져야만 하는 고독, 시인은 그 아이의 "쓸쓸한 먼길"을 이해하고 있다. 아무 일도 없었다는 듯 태연하게 방문을 열고 나오는 아이에게 "또 짐짓 이마를 짚으며/ 음, 음, 날씨 얘기나 꺼낼지도 모른다"고 말하는 사려깊은 배려가 서로에게 보낼 수 있는 '최선'의 노력은 아닐지 시인은 가만히 되묻는다.

— 출판사 서평 中

이 규 리 1955년 경북 문경 출생. 계명대학교 대학원 문예창작학과 졸업. 1994년 《현대시학》으로 등단. 시집으로 『앤디 워홀의 생각』 『뒷모습』이 있음. kyureelee@hanmail.net

이성복

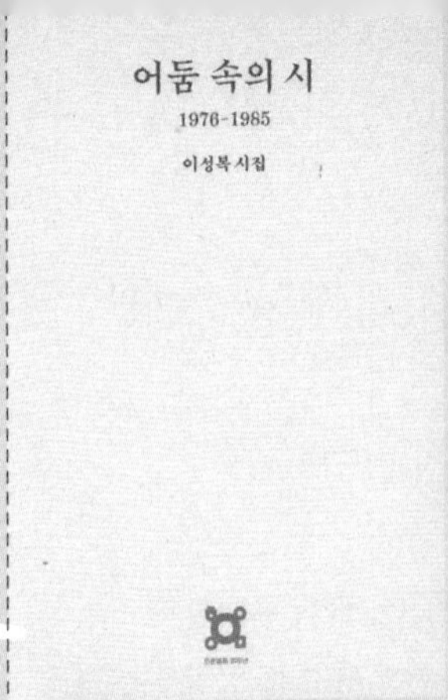

먹이고 입히고 가르쳤더니 기껏, 빌어먹을…… 어머니한테는 말이 안 통한다
아무리 내가 어리석고 나의 시대가 어리석어도 할 말은 있다 카프카, 내 말 좀
들어봐 너처럼 누이들을 사랑한 사람은 없을 거다 누이들은 실험용 몰모트다
아니다, 장님-굴새우-속죄양이다 카프카, 누이들은 나의 시대, 창피 옴팍
당하고 양갈보가 되어도 나의 시대, 사랑한다 누이들! 너희는 잘못한 게 없다
나의 시대는 어리석고, 어리석었고 나는 어지러웠다 어머니, 당대의
씨암탉이시여, 당신이 먹이고 입히고 가르쳤으니 기껏, 어지러워요, 어머니!

—「병장 천재영과 그의 시대 둘」 부분

어둠 속에 피어난 꽃

– 이성복 시집 『어둠속의 시』(열화당)

1977년 「정든 유곽에서」를 발표하며 등단한 시인 이성복李晟馥(1952-). 갑년을 넘어선 시인은 이제 지나온 시간들을 되돌아보기 시작한다. 시인으로서의 그의 자리가 처음 출발했던 지점에서 얼마나 벗어나 있는가, 달라졌다면 어떻게 달라졌는가, 혹 그 달라짐이 발전으로 생각될 수 있는가. 시인은 결코 그렇지 않다고 생각한다. 1970-80년대 청년 이성복에게는 시가 전부였다. 오로지 시만을 생각하고 살았던 그의 가슴속에는 '사람은 시 없이 살 수 있는가' 하는 물음이 들끓고 있었다. 그는 미지의 시에 대한 열정과 고통 속에서 좋은 예술가가 되기를 꿈꾸었으며, 그 고통스러운 꿈속에서 태어난 시들은 당시 독자들의 가슴속에 비수처럼 각인되었다. 이제 시인은 이 세 권의 책을 통해 그 치열했던 시절의 견딜 수 없이 아름다운 순간들을 불러내려 한다.

1976년에서 1985년 사이에 씌어진 미간행 시 150편을 묶은 『어둠 속의 시』는, 첫 시집 『뒹구는 돌은 언제 잠 깨는가』(1980), 두번째 시집 『남해 금산』(1986)과 같은 시기에 태어났다. 문학평론가 김현이 말한 이성복의 '풍경'이 처음 자리 잡은 당시를, 시인은 그의 정신적 성장의 '부름켜'로 생각한다. 이 시절 그는 "모두 병들었는데 아무도 아프지 않"은 비정상의 도시에서 날 선 언어로 선열한 아픔을 토해 냈다. 그는 곤핍한 현실 앞에서 눈을 감는 대신 썩어 문드러져 가는 상처를 상처 그대로 느끼며 아파했다. 능멸당한 누이 앞에서 그는 기껏 어지럼증을 호소하며 어머니를 찾는 자신의 나약함을 자책할 뿐이었다. 이 시들을 통해 독자는 이성복의 '치욕'과 '아픔'의 시편들이 태어난 자리를 정확히 되짚을 수 있으며, 시퍼렇게 살아 있는 감각적 언어, 말의 암편岩片들을 통해 '불가능'의 꼭짓점에 이른 오늘의 그를 다시 만날 수 있다.

— 출판사 서평 中

이 성 복 1952년 경북 상주 출생. 1977년 《문학과 지성》으로 작품 활동 시작. 시집으로 『뒹구는 돌은 언제 잠 깨는가』 『남해 금산』 『그 여름의 끝』 『호랑가시나무의 기억』 『아, 입이 없는 것들』 『달의 이마에는 물결무늬 자국』 『래여애반다라』 『어둠 속의 시』 등이 있음. ysb@kmu.ac.kr

이승은

사북 혹은 태백 근처 가을이 지나간다

해는 아직 중천인데 반나마 접힌 낮달

시커먼 폐광의 산턱을 오래도록 핥는다

핥다가 힐끔 보는, 그 눈길에 거뭇해진

사뭇 까치발로 따라나선 산 그림자

부르면 애절히 들어줄 그리운 귀 있는 듯이

—「넬라판타지아」 전문

대모적 감성으로 품는 존재 실상과 환상의 발성

— 이승은 시집 『넬라 판타지아』(책만드는집)

이승은의 시조는 경험이나 사물을 객관화하거나 자아를 투영하고, 역사와 현실을 비판함에 있어 감성적 이야기로 수렴하는 방식을 취하고 있다. 그는 일상 혹은 여행지에서 만나는 삼라만상을 대모적 감성으로 어루만져 또 다른 이야기로 발현시키는 창작자 고유의 역할에 충실함으로 그가 닿는 촉수의 범위와 방식의 품은 가히 넉넉하고 다양하다.

이번 시집 원고를 유형화해 본다면 자연 풍경의 객관화, 대상에 의한 자아 성찰, 문명 비판, 역사와 현실, 가족의 일화를 시로 형상한 것들이다. 이런 다양한 제재와 창작 방식을 살펴 가면서 시인의 세계를 살펴보는 재미가 여간 쏠쏠하지 않다. 그러니까 우리는 이승은 특유의 감각과 이미지의 형상화를 통해서 그의 시조가 품어 주는 보편적 인간세계와 존재 실상에 공감하게 된다.

우리는 이승은의 대모적 감성과 발성으로 빚은 시조를 통해 보편적 인간 존재의 전형들을 공감각적으로 만날 수 있다. 다양한 제재 선택과 창작 방식을 통해서 보편적 삶의 양식과 역사를 확인시켜주고 우리를 좀 더 풍만한 삶으로 이끌어주는 현대시조. 그 가운데 특별한 이승은의 여덟 번째 시집 『넬라 판타지아』에 박수를 보낸다.

— 출판사 서평 中

이 승 은 1958년 서울 출생. 1979년 KBS 문공부 주최 전국민족시대회 장원으로 등단. 시집으로 『내가 그린 풍경』 『시간의 물 그늘』 『길은 사막 속이다』 『시간의 안부를 묻다』 『환한 적막』 『꽃밥』, 시선집으로 『술패랭이꽃』이 있음. 한국시조작품상(1999), 이영도문학상(2003), 중앙일보시조대상(2007), 오늘의시조문학상(2011) 등을 수상.
jini-221@hanmail.net

이재무

신발장 속 다 해진 신발들 나란히 누워 있다
여름날 아침 제비가 처마 떠나 들판 쏘다니며
벌레 물어다 새끼들 주린 입에 물려주듯이
저 신발들 번갈아, 누추한 가장 신고
세상 바다에 나가
위태롭게 출렁, 출렁대면서
비린 양식 싣고 와 어린 자식들 허기진 배 채워주었다
밑창 닳고 축 나간,
옆구리 움푹 파인 줄 선명한,
두 귀 닫고 깜깜 적막에 든,
들여다볼 적마다 뭉클해지는 저것들
살붙이인 양 여태도 버리지 못하고 있다

—「폐선들」 전문

일상의 진실성을 서정의 세계로 끌어올리다

— 이재무 시집 『슬픔에게 무릎을 꿇다』(실천문학사)

사라지는 것들을 부여잡지 못하는 시인은 "이 세상 한결같은 것은/ 먼지밖에 없는 것 같다"(「먼지의 힘」), "우리네 설운 삶을 다녀가는 무수한 인연들이 혹여 저 돌멩이들과 구두가 맺은 지극히 사소한 우연 같은 것은 아니었을까"(「돌멩이와 구두」), "붉은 열정이 새어 나간 몸은/ 알곡 빠져나간 광목 자루처럼 헐렁해졌다"(「한강 블루스」)라고 말하며 인생에 대한 허무주의적 시각을 보이기도 한다.

그는 고단한 인생을 살아가는 이들의 삶을, 그들의 정신과 육체가 시들어 가는 과정을 처연한 심정으로 바라본다.

그러나 시인의 처연함과 허무, 슬픔은 무의미하고 소모적인 감정만은 아니다. 시는 실패와 슬픔, 몰락, 상실을 연료로 하여 비로소 생성되는 '마음의 진주'이기 때문이다. 적어도 시인으로서 그는 '상처받은 자의 아름다움'이 좋은 시를 낳는다는 사실을 알고 있다.

인생도 시와 별반 다르지 않다. 우리는 고통과 슬픔을 통해, 행복해질 수 있다. 시인은 그의 산문에서 "시는 실패의 기록이다. 비록 그것이 희망을 노래할지라도 절망을 통과하지 않을 때는 깊은 울림으로 오지 않는다"(『생의 변방에서』)라고 적었다. 『슬픔에게 무릎을 꿇다』라는 제목이 암시하듯이, 이번 시집은 그가 최근 몇 년간 겪은 깊은 상처와 회한, 슬픔, 분노, 고독의 기록이다. 그러나 그 무릎 꿇음은 패배의 행위가 아니라 '재기再起'(다시 일어섬)의 의미에 가까울 것이다.

— 출판사 서평 中

이 재 무 1958년 충남 부여 출생. 1983년 《삶의 문학》으로 등단. 시집으로 『섣달그믐』 『온다던 사람 오지 않고』 『벌초』 『몸에 피는 꽃』 『시간의 그물』 『위대한 식사』 『푸른 고집』 『저녁 6시』 『경쾌한 유랑』 등이 있음. 윤동주문학상, 소월시문학상 등을 수상. poet8635@dreamwiz.com

이제니

매일매일 슬픈 것을 본다. 매일매일 얼굴을 씻는다. 모르는 사이 피어나는 꽃. 나는 꽃을 모르고 꽃도 나를 모르겠지. 우리는 우리만의 입술을 가지고 있다. 우리는 우리만의 눈동자를 가지고 있다. 모르는 사이 지는 꽃. 꽃들은 자꾸만 바닥으로 떨어졌다. 사물이 거울에 보이는 것보다 가까이 있습니다. 그 거리에서 너는 희미하게 서 있었다. 감정이 있는 무언가가 될 때까지. 굳건함이란 움직이지 않는다는 말인가. 움직이지 않는다는 것은 오래오래 믿는다는 뜻인가. 꽃이 있던 자리에는 무성한 녹색의 잎. 녹색의 잎이 사라지면 녹색의 빈 가지가. 잊는다는 것은 잃는다는 것인가. 잃는다는 것은 원래 자리로 되돌려준다는 것인가. 흙으로 돌아가듯 잿빛에 기대어 섰을 때 사물은 제 목소리를 내듯 흑백을 뒤집어썼다. 내가 죽으면 사물도 죽는다. 내가 끝나면 사물도 끝난다. 다시 멀어지는 것은 꽃인가 나인가. 다시 다가오는 것은 나인가 바람인가. 사람을 믿지 못한다는 것은 자신을 믿지 못한다는 것이다. 거짓말하는 사람은 꽃을 숨기고 있는 사람이다. 이제 우리는 영영 아프게 되었다. 이제 우리는 영영 슬프게 되었다.

—「왜냐하면 우리는 우리를 모르고」 전문

이 세계에서 분명한 것은 오직 기미와 전조뿐

– 이제니 시집 『왜냐하면 우리는 우리를 모르고』(문학과지성사)

한 낱말에 해당하는 단 하나의 의미가 있을까. 그리고 우리가 하나의 의미를 밀어붙인다고 해서 그것이 정말 사물의 본질이자 정수라고 확신할 수 있을까. 이제니의 '리듬'은, 각각의 낱말에 꼭 의미를 두어야 하는지 묻는 데서 시작한다.

이제니의 시에서 "말은 항상 속이 빈 채로 맞물려 있"(「초다면체의 시간」)다. 의미를 벗은 낱말, 무효한 문장들이 서로를 붙들어 비늘 혹은 섬유같이 촘촘한 짜임을 만들 때 생겨나는 것이 리듬이다.

이제니는 그렇게 반복으로 리듬을 자아낸다. 문장들은 접속사 없이 병렬식으로 나열되다 "돌연, 어느 지점에 이르러, 의미의 연쇄를 끊어"낸다. 이때 노래 속 음의 높낮이처럼 시에 리듬이 생긴다. 이번 시집에서는 또한 구두점을 활용하여 색을 입히고 여백을 만들고 공간을 구성하는데, "당신은 지금 슬픔의 안쪽에 있어요./ 슬픔의 안에. 슬픔의 안의 안에."(「분실된 기록」)에서 슬픔이 두께를, 공간을 가질 수 있는 것은 마침표가 만드는 여백 때문이다.

이제니의 시는 시인 자신의 호흡에 충실하지만 구두점 하나 허투루 들어가지 않는다. 비슷한 연쇄와 단절이 계속 반복되면서, 하나의 시는 끊길 듯 끊기지 않고 단단히 맞물린다. 이제니의 시가 소리 내어 읽을 때 더 좋은 이유는 이 때문일 것이다.

— 출판사 서평 中

이 제 니 1972년 부산 출생. 2008년 《경향신문》 신춘문예로 등단. 시집으로 『아마도 아프리카』가 있음. 제21회 편운문학상 시 부문 우수상 수상. funnypen@hanmail.net

이태수

내 말은 온 길로 되돌아간다
신성한 말은 한결같이
먼 데서 희미하게 빛을 뿌린다
나는 그 말들을 더듬어
오늘도 안간힘으로 길을 나선다
하지만 아무리 애써보아도
그 언저리까지도 이르지 못할 뿐
오로지 침묵이 그 말들을
깊이깊이 감싸 안고 있다
그래도 언제까지나 가 닿고 싶은 곳은
그 말들이 눈 뜨는 그 한가운데,
그런 말들과 함께 눈 떠보는 게
한결같은 꿈이다
내 시는 되돌아간 데서 다시
되돌아오는 말을 향한 꿈꾸기다
침묵에서 다른 침묵으로 가는
초월에의 꿈꾸기다

—「시법詩法 — 서시」 전문

시, 침묵에 바치는 성스러운 기도

— 이태수 시집 『침묵의 결』(문학과지성사)

이태수의 시에서 빈번히 등장하는 자연은 소리로 그 존재를 증명한다. 들리지 않는 리듬에 맞추어 온갖 생명이 움튼다. 이태수는 꽃, 나무, 눈, 햇살 같은 일상 속 소박한 자연에 귀를 기울인다. 그에게는 "정적靜寂을 밀며" "이른 봄, 성급하게 부푼/ 개나리나 산수유 꽃망울들"의 "자꾸만 입 밖으로 터져 나오려"는 말들이 들린다. "안으로만 소리지르듯/ 하늘로 팔을 뻗"는 꽃잎들 곁을 맴돌고 "정적에 갈무리한 잎들을 일제히 밀어 올"리는 "벌거벗은 나무들"에게도 조심스레 다가간다(「봄, 봄」「봄맞이」「새봄은 어김없이」). "깊은 밤, 이름 모를 새들이/ 창 너머 나뭇가지에 앉아 지저"(「야상곡夜想曲」)귀고, "갑자기 나타난 까치 한 쌍"은 "정적을 난타한다"(「새벽길」). "멧새들이 가세해 고요를 흔든다"(「연잎의 물방울」). 귀에 들리든 들리지 않든, 자연이 내는 소리는 인간의 언어로 해석될 수 없다.

아침 햇살이 "모데라토로 내리"고, 한밤 새들의 노래가 한나절 인간이 제조한 도시의 소음을, 그 "남은 소리들을 흔들어 떨치"며 신성한 침묵과의 운율을 빚어내는 것에 세심히 귀 기울이면서 이태수는 자연의 언어의 근원에 접근한다. "소리 없이 동이 트고, 아침이 온다"(「빈손」). 거대한 자연의 움직임에 사람의 말은 필요치 않다. 이태수에게 침묵은 "말의 맞은편"에 있는 게 아니라 "말을 껴안고" 있는 것이다. "말과 침묵 사이에 시가 있다면, 그것은 인간과 신, 혹은 인간과 자연 사이에 시가 있다는 의미"(김주연)일 테니 말이다.

— 출판사 서평 中

이 태 수 1947년 경북 의성 출생, 1974년 《현대문학》으로 등단. 시집으로 『그림자의 그늘』(1979) 『우울한 비상飛翔의 꿈』(1982) 『물 속의 푸른 방』(1986) 『안 보이는 너의 손바닥 위에』(1990) 『꿈속의 사닥다리』(1993) 『그의 집은 둥글다』(1995) 『안동 시편』(1997) 『내 마음의 풍란』(1999) 『이슬방울 또는 얼음꽃』(2004) 등이 있음. 《매일신문》 논설주간, 대구한의대 겸임교수 등을 지냈으며, 대구시문화상(1986, 문학), 동서문학상(1996), 한국가톨릭문학상(2000), 천상병시문학상(2005), 대구예술대상(2008) 등 수상. '자유시' 동인. tspoet@naver.com

전동균

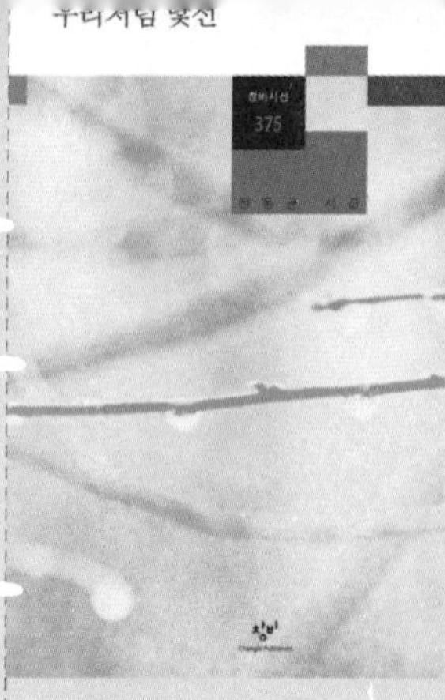

내가 장미라고 불렀던 것은 하이에나의 울부짖음이었다
내가 나뭇잎이라고 불렀던 것은 외눈박이 천사의 발이었다
내가 비라고 불렀던 것은 가을 산을 달리는 멧돼지떼, 상처를 꿰매는 바늘
수심 이천 미터의 장님 물고기였다 내가 사랑이라고, 시라고 불렀던 것은
항아리에 담긴 바람, 혹은 지저귀는 뼈
내가 집이라고 불렀던 것은 텅 비었거나 취객들 붐비는 막차

나의 주인은 누구인가, 물으며
내가 나라고 불렀던 것은
뭉개진 진흙, 달과 화성과 수성이 일렬로 뜬 밤이었다 은하를 품은 먼지였다 잠자기 전에 빙빙 제자리를 도는 미친개였다

—「내가 장미라고 불렀던 것은」 전문

매일 낯설어지는 삶을 만나 존재의 의미를 묻다
— 전동균 시집 『우리처럼 낯선』(창비)

전동균 시인은 "길 위에서 길을 가며 길을 추구하는"(남진우, 해설) 끝없는 여정 속에서 삶과 존재의 근원적 의미를 탐색한다. 고통과 시련의 "거미줄 세상"(「한밤의 라면」)을 바라보는 애틋하고 섬세한 감성으로 "보이는 것과 보이지 않는 것 사이"에서 "생의 비밀을 엿듣"(「계산포무도溪山苞茂圖」)기도 하는 시인은 "재와 눈물로 뒤덮인 거울 앞에서"(「이 이상한」) 자신의 존재 의미를 묻는다. "물고기들이 강의 고통을 기억하듯, 우리가/ 우리의 죄를 껴안아야 하는"(「단 한번, 영원히」) 속박에 사로잡힌 존재로서의 뼈아픔을 드러내며 시인은 "내가 있는 곳은 늘 나의 바깥을 떠도는 객지"(「시월이어서」)였음을 깨닫고 아득히 먼 신성의 세계를 동경한다.

신성의 길을 향한 추구가 간절할수록 현실세계에 대한 시인의 비극적 인식은 더욱 깊어질 수밖에 없다. 막막한 고통의 세월을 "가슴에 통곡을 넣고" "살얼음을 밟듯 지옥의/ 별자리를 건너"(「먼 나무에게로」)오는 존재들의 아픔을 위무의 손길로 달래던 시인은 돌연 "찬밥덩이 같은 기도"(「사순절 밤에, 밤은」)로써 신의 죄를 묻는다. "지진 터지고 쓰나미 덮치고"(「춘삼월을 건너는 법」), "죽은 것들 그림자 들끓고"(「불타는 굿당」), "숨 쉬는 것조차 죄가 되"(「시월이어서」)는 비극적인 현실 앞에서 '우리'의 죄를 고백하는 것이 아니라 오히려 '인간'인 "저희를 빚으신 그 죄/ 옷을 찢으며 통회하소서"(「촛불 미사」)라고 주엄하게 다그치는 것이다. 그런가 하면 시인 자신은 "아직도 몸에 더운 피가 흐른다는 게/차라리 슬픔"(「침묵 피정」)이라는 비통한 심정을 토로한다.

— 출판사 서평 中

전 동 균 1962년 경주 출생. 중앙대 문예창작과와 동 대학원 졸업. 1986년 《소설문학》으로 등단. 시집으로 『오래 비어 있는 길』 『함허동천에서 서성이다』 『거룩한 허기』 『우리처럼 낯선』이 있음.dgjun2@hanmail.net

정끝별

문학동네시인선 063 **정끝별** 시집 **은는이가**

사랑이여 너도 쉰 소리를 내는구나

몸속 어디에 말 못할 화농을 키웠던 걸까

쩔쩔 끓는다,

심장을 꺼내 발로 차면 바다에 빠질 듯

천지간 병 되어 홍건타

—「노을」 전문

그러니까 이건 너무 새로운 사랑 이야기

— 정끝별 시집 『은는이가』(문학동네)

4부로 구성한 이번 시집은 생과 사의 소란스러우면서도 쓸쓸한 낯빛을 적나라하게 보여줌과 동시에 통통 튀는 언어 감각으로 자칫 비루할 수 있는 삶에 반짝, 거울에 비친 별의 쨍함을 희망으로 비추는 시인 특유의 재주가 탁월하게 발휘된 시편들로 가득하다.

화려한 꽃술 같은 의성어나 의태어가 아닌, 화려한 꽃술의 꽃받침 같은 조사 하나가 문장의 고삐를 틀어쥐었다는 사실, 문장을 읽고 문장을 써본 자들은 무릎을 치고 알아먹을 것이다. 하이힐이 삐끗하듯 조사 하나의 잘못 디딤으로 사유까지 길을 틀기도 하는 경우 왕왕이기 때문이다. "한잠에서 떨어진 단추 하나가 한잠의 사랑을 고백하듯/ 한잠에서 떨어진 음모 한 가닥이 한잠의 배반을 부르듯"(「한밤이라는 배후」) 떨어진 단추 하나이며 떨어진 음모 한 가닥은 다름 아닌 우리…… 이 근원으로부터 우리가 비롯되었다는 사실을 누군들 모를까.

"모든 죽음은 자살 아니면 의문사라고/ 당신을 보내고 내가 삼킨 문장들"(「별책부록」)은 다시금 세상 곳곳으로 그 시선을 가 닿게 한다. 의문을 부르는 죽음이 매 순간마다 벌어지고 그때마다 수거하지 못한 물음표들이 곳곳에 산재해 있는 삶에서 호기심 많은 이 시인은 그때마다 구령도 없이 운명처럼 우뚝 선 꽃과 마주하고 애인과 마주하고 시와 마주한다. 돌고 돌아 마주한 그 지점에서 맞이한 그 이름, 사랑! "너도 쉰 소리를 내는구나"(「노을」) 할 만큼 연륜 깊어진 그 이름, 사랑! '그러니까 이건 너무 오래된 사랑 이야기' 라는 제목으로 이 시집과 함께한 시인 진은영의 발문 또한 새겨 읽어봄직하다.

— 출판사 서평 中

정 끝 별 1988년 《문학사상》에 시, 1994년 《동아일보》 신춘문예에 평론이 당선. 시집으로 『자작나무 내 인생』 『흰 책』 『삼천갑자 복사빛』 『와락』 등이 있음. 유심작품상, 소월시문학상 등을 수상.postellar@hanmail.net

최금진

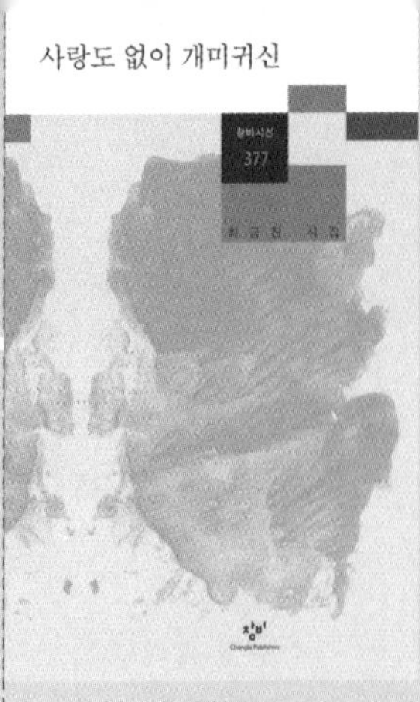

사랑도 없이 귀신이 되어 가는 세월
시를 쓰기엔 인생이 너무 짧은 건 아닐까
(…)
침침한 눈으로 머리카락을 골라내듯 언어를 골라내기엔
너무 늦은 저녁, 신경쇠약으로 잔뜩 찡그린 얼굴로
어제 먹다 남은 말을 마저 먹는다, 아득바득
시를 쓰기엔 인생은 너무 불쌍하지 않은가
수도복을 입은 개미귀신들이 미사라도 보는 걸까
모래 속에 몸을 납작 엎드린 채 울고 있다
부스스, 내 손에서 사라지는 고운 모래의 언어를 만져본다
시를 쓰기엔 너무 캄캄한 모래 구덩이에서
죽은 비유들을 해골처럼 주렁주렁 꿰어 목에 걸고
그중 입맛에 맞을 것 같은 시 한줄을 맛보다가
퉤, 하고 뱉어내는, 당최 입맛이 없는 개미귀신 한 마리
폐업신고라도 해야 할까

—「개미귀신」 부분

세계와의 불화 속에 피어난 서늘한 아름다움

— 최금진 시집 『사랑도 없이 개미귀신』(창비)

세상을 바라보는 시인의 시선은 불편하리만큼 삐딱하다. "말도 안 통하고, 법도 안 통하고, 울음도 안 통하는"(「칼춤」) 모순투성이 세계와의 불화 속에서 자신의 의지만으로는 극복할 수 없는 부조리한 상황에 놓인 시인은 "불투명한 유리를 텁텁, 씹"는 고통을 감내하며 살아간다.

전망의 불빛이라곤 어디에도 비치지 않고 "피를 잔뜩 머금은 얼굴로 꽃들이 피었다 지고, 피었다 지"(「그해 여름의 끝」)는 어둡고 불안한 세계에서 벗어나기 위해 시인은 그 이면에 존재하는 밝고 희망적인 세계로 통하는 길을 탐색한다. 자신의 내면에 드리운 어두운 그림자를 적나라하게 드러내는 시인은 "난 무덤, 넌 구멍, 세상엔 이제 너와 나만 남았는데"(「부활절 아침에」)라는 진술에 여실히 드러나듯 삶과 죽음, 밝음과 어둠이 결국은 한몸이라는 사실을 깨닫는다. '무덤'의 어둠을 통해 '구멍'의 투명한 세계로 나아가면서 시인은 신생의 존재로서 다가오는 '아기'를 호명한다.

절망과 불신과 좌절뿐인 현실 속에서 "편견과 왜곡과 편력으로만 살아온/불행"한 나날을 건너온 시인은 때로는 "아무 대책도 마련하지 못하는 가장"(「커피를 마시는 밤」)으로서의 무력함을 자책하면서 자신을 "미친놈, 샌님, 또라이, 비관주의자, 암사내, 집짐승"(「착한 사람」)이라고 폄하하기도 한다. 그러니 "조금만 더 절망하"(「그해 여름의 끝」)면서 살 뿐이고, 살아 있으니 다만 그저 쓸 뿐이기에 시인은 "아름다운 것들과 인간적인 것들"(「여행자」)을 찾아서 끊임없이 여행을 떠난다. "시의 빈 젖을 물고"(시인의 말) 고뇌하는 시인의 모습이 그래서 더욱 깊은 울림으로 다가온다.

— 출판사 서평 中

최 금 진 1970년 충북 제천 출생. 2001년 《창비》 신인시인상에 당선. 시집으로 『새들의 역사』 『황금을 찾아서』, 산문집 『나무 위에 새긴 이름』이 있음. 오장환문학상 수상.
simasian@hanmail.net

최동호

낮잠 들었다 돌아누우니

중천에 초승달이라

실바람 돛대 걸어

푸른 하늘 멀리 가 있구나

—「초승달」 전문

절제와 여백, 더없는 장처長處로 살려내

— 최동호 시집 『수원 남문 언덕』(서정시학)

최동호의 이번 시집이야말로 '서정성'의 역할과 직능을 최대한 정예화하여 우리에게 들려준 극점의 언어적 결실이라고 말할 수 있다. 그는 우리 시사에서 위악이나 불온성, 독설이나 해체 전략들이 끊임없이 나타났지만, 이러한 담론 전략들이 대안적 미학이 될 수 없었던 까닭을 자신만의 응축적 '서정성'으로 보여준 것이다. 그만큼 그의 시편들은 어떤 근원으로의 귀착 충동을 가지면서, 인간과 세계에 대한 성찰과 재구축 작업, 구도적 서정과 기원 탐색의 의지를 통한 역류逆流의 상상력을 선연하게 보여주었다. 이 점, 종요로운 비평적 가치가 부여되어야 할 것이다.

결국 최동호 시인은 이번 시집을 통해 서정시 본연의 절제와 여백을 더없는 장처長處로 살려내는 데 성공하였다. 그가 구안하고 실천한 '극서정시'는, 비록 명료한 양식적 배타성을 띤 명명은 아니지만, 최근 왕성하게 창작되는 해체나 탈주체 시편들과 철저한 대극에서 언어의 경제학과 사유의 응집성을 결속하는 방향을 암시적으로 계도해주었다. 그러한 시학의 탐구자이자 구도자로서의 여정을 담은 이번 시집은, 그 점에서 시인 최동호의 거보巨步가 시작되는 지점을 선명하게 알려주고 있는 것이다.

— 출판사 서평 中

최 동 호 1948년 경기도 수원 출생. 고려대 국문과, 동 대학원 문학박사. 아이오와대학, 와세다대학, UCLA 등에서 객원, 연구 교수로 동서시 비교 연구. 시집으로 『황사바람』 『아침책상』 『딱다구리는 어디에 숨어 있는가』 공놀이하는 달마』 『불꽃 비단벌레』 『얼음얼굴』 등이 있음. 현대불교문학상, 고산 윤선도문학상, 박두진문학상, 유심작품상 등 수상. 현재 고려대 문과대 국문과 명예교수 겸 경남대 석좌교수. dhchoe@korea.ac.kr

■ '오늘의 시' 기획 좌담

2015년 한국 시의 미학

참석자

— 유성호(문학평론가, 한양대학교 교수, 사회)

— 홍용희(문학평론가, 경희사이버대학교 교수)

— 함돈균(문학평론가, 고려대학교 민족문화연구원 HK연구교수)

일시: 2015년 2월 2일(월)

장소: 도서출판 작가 사무실

사진 · 정리: 《쿨투라》 편집부

최근 시의 지형과 지향

유성호: 안녕하세요? 오늘 좌담은 지난 한 해 동안 펼쳐졌던 우리 시의 동향을 점검하고 많은 이들의 사랑을 받았던 시집들을 검토함으로써, 지금 우리 시의 지형이랄까 지향이랄까 하는

것을 개괄적으로 성찰하는 자리로 마련되었습니다. 우리 평단에서 가장 활발하고 역량 있는 현장 비평을 해 오신 선생님들을 모시게 되어 퍽 기쁘게 생각합니다. 먼저 이번 설문 결과를 놓고 볼 때 어떤 특성이 읽혀지는지 포괄적으로 이야기를 해주시는 것으로 논의의 물꼬를 터 보겠습니다. 홍용희 선생님께서 먼저 이야기해 주시고 다음 함돈균 선생님께서 말씀해 주시겠습니까?

홍용희: 지난 한 해는 그야말로 '피로사회'였습니다. 절망, 슬픔, 울분이 중첩되면서 무기력한 자신을 스스로 새삼 명징하게 발견하게 되고 이를 통해 다시 절망, 슬픔, 울분의 자학을 앓아야 했던 '고독한 피로'의 시기라고나 할까요. 세월호 사건을 비롯한 총체적 죽임의 부실과 재난이 도처에서 연이어 일어났습니다. 성과 만능주의의 한계와 상처가 노출되고 있었던 것이지요. 그러나 시를 쓰는 것 이외에는 딱히 무엇을 할 수도 없는 것이 시인들의 형편이었다고 할까요. 외적 변혁의 대상과 목적이 분명할 때는 시가 곧 총알이 될 수도 있었지만 분명 오늘날의 일상은 그렇지도 못한 것이지요. 외적 현실의 적폐는 물론 피해자이면서 가해자로 존재하는 자신도 모르는 자신의 삶의 관행과도 싸워야 하는 과제 앞에서 시는 또한 시일 뿐이었던 것이지요. 그래서 저는 지난해 가장 시적인 광휘를 보여 준 풍경으로 교황 방한 때의 전국민적 열광, 영화 〈명량〉을 통해 출현한 이순신에 대한 경이적인 열광이었다는 생각이 듭니다. 위안, 치유, 용기, 극복의 강렬한 열망이 우리 사회의 집단 무의식 속에 기름처럼 들끓고 있다고 할까요.

이렇게 말하고 나니 제가 시단에 대해 너무 자조적으로 바라

본 것 같군요. 그러나 시는 시일 뿐이라는 현실이 또한 시적 진화와 심화를 확산시킨 것도 사실이라는 생각이 듭니다. 너무 추상적이고 주관적인 진단일 수도 있겠습니다만 원로와 중진은 차치하고, 특히 신인들의 시세계가 제각기 시적 진화를 폭넓게 이루어내고 있다는 생각이 듭니다. 본래 예술이란 진화가 아니라 오직 새로운 출발이 있을 따름이라는 명제가 있지만, 굳이 진화란 말을 쓴 것은 내밀한 구성력, 밀도 높은 내적 진정성, 적실한 언어 구사와 짜임새 등이 상당히 보편화되었다는 것입니다. 좋은 의미로 well-made 시들의 확산이라고 표현해도 될 것 같군요. 성윤석, 박준, 황인찬, 임경섭, 박판식, 채상우, 전형철, 한용국, 박성현, 성동혁 등의 신진들의 활약은 크게 주목해야 할 성과라고 생각됩니다. 작고 나직하지만 크고 오랜 감응과 여운을 불러일으키는 시의 본도를 밀고 나가고 있는 것이지요. 성과주의의 피로와 보들리야르가 지적한 것처럼 정보 시스템, 커뮤니케이션 시스템, 생산 시스템 등 '현존하는 모든 시스템의 비만' 이 초래하는 과잉 피로가 누적된 시대에 말하지 않기 위해 말하고 주장하지 않기 위해 주장하는 의기소침하고 내성적인 시적 체질의 소통이 오히려 실질적인 치유, 정화, 소생의 가능성을 지니지 않을까 하는 생각을 해 봅니다. 이러한 문제의식은 자연스럽게 이들 시편들이 앞으로 파괴적 피로, 고독한 피로에 대한 위무와 치유를 넘어 무위, 영감, 영성의 지평을 얼마나 열어갈 수 있을까 하는 과제로 귀결되기도 하지요. 이러한 점은 앞으로 더욱 지속적으로 지켜보면서 함께 고민해 보아야 할 문제로 생각됩니다.

함돈균: 2014년 한국 시단은 미학적 차원만을 놓고 보면 눈에 띄는 특별한 이슈는 없었다고 말해도 좋을 것 같습니다. 2000년대 중후반 한국 문학의 갱신을 주도한 세대들은 이제 최소 두세 권이 이상의 시집을 낸 '중견'이 되어 각자 자기 세계를 만들면서 롱런을 위한 차분한 준비를 하고 있는 듯합니다. 이후 후배 세대들은 그에 비해 뚜렷한 세대적 흐름으로 묶을 만한 이슈 없이 각개 약진하는 모습입니다. 신인들의 첫 시집도 2014년에는 많이 나오지 않은 편이며, 눈에 띄는 화법과 시각을 보여 주는 신인도 근 몇 년에 비교하면 많지 않은 것으로 보입니다. 출판계의 불황도 시단의 어떤 활력에 영향을 보이지 않게 주는 게 아닌가 하는 생각도 들고요. 이 와중에 '중진'들의 정중동이 다소 눈에 띄네요. 아주 오랜만에 이성복의 반가운 시집이 나와서 독자들을 기쁘게 했고, 신경림, 문정희, 이태수, 최동호 등 원로 중진 시인들의 시집이 여러 권 출간되기도 했지요.

그러나 작년에는 문단 내적인 측면보다는 워낙 강력하고 충격적인 정치 사회적 이슈가 발생하면서, 한국 문단에도 이와 연동하는 움직임이 있었다는 점을 기억할 필요가 있습니다. 4월에 발

생한 세월호 사건은 한국 사회 전반의 허약성을 노출한 충격적인 사건이었습니다. 한국 문단은 이에 대해 크게 두 가지 방향의 응대를 보여 주었습니다. 우선 워낙 충격적인 사건이었기에 작가의 사회적 실천성을 좀 더 직접적으로 표현하는 작가 시국 선언과 작가 낭독회와 같은 일이 진행되었습니다. 이 중에서 눈에 띄는 것은 기존의 작가회의 외에 2009년 새로운 세대의 작가 선언을 보여 주었던 6 · 9 작가 선언 중심의 그룹이 세대적으로 위아래로 더 넓게 확대된 형태로 시민들과 모여 광화문광장에서 매달 진행하고 있는 '304 낭독회' 입니다. 이 낭독회는 극단적인 충격과 비탄에 빠진 희생자 가족과 위기의 한국 사회를 위한 문학적 '기도회' 의 분위기에서 시민낭독회와 결합된 형식으로 진행되고 있습니다. 국가의 침몰을 보는 듯한 상당한 사회 위기 속에서 문학의 시의성과 사회적 실천에 대한 작가적 고민을 보여 주고 있다는 점에서 주목됩니다. 한편 세월호 여파는 한국 시의 분위기를 바꾸고 있습니다. 한국 시, 특히 2000년대 시단의 갱신을 주도한 시인들은 그들 세대가 시단의 중견이 되어 가는 과정에서 급격하게 퇴행한 한국의 정치 사회 상황에서 시를 쓰는 세대가 되었습니다. 이 상황이 그들의 미학적 성격과 연동하면서 그들의 시가 자연스럽게 새로운 방식의 '정치시' 로 변화하고 있다는 증후가 근 몇 년 동안 감지되었는데요. 2014년은 세월호 여파를 맞으면서 처음에는 충격

속에서 아무 말도 하지를 못하고 있다가, 2014년 후반기로 접어들면서 극단의 비탄과 사회 위기를 직간접적으로 드러내는 시들을 발표하고 있지요. 작년에 발표된 주목할 만한 시들 중에는 이러한 문제들을 깊은 무의식 속에서 소화하고 있으며, 참혹하고 부조리하며 어처구니없는 죽음에 연관된 시적 목소리들이 착란(종교)과 종교적 차원 사이에서 발성되고 있는 시들이 있습니다. 문학이 고통에 반응하는 속도와 깊이와 시간으로 볼 때, 이 사건은 향후 한국 시단에 문학 내외적인 여러 가지 차원에서 상당한 기간 큰 영향을 줄 것으로 예상됩니다.

중진 시인들의 시세계

유성호: 감사합니다. 두 분 모두 새로운 이슈보다는 각개 약진이 늘어났고, 상대적으로 모색기와 전환기의 속성이 지난 해 내내 지속되었다고 진단하고 계신 것 같습니다. 그럼 이제는 각 시집의 성취로 넘어가보겠습니다. 먼저 '오늘의 시'에 선정된 시와 시집의 목록을 살펴보면, 중진 시인들의 약진이 두드러진다는 것을 알 수 있습니다. 사실 중진 시인들의 시집이 예년보다 많이 추천되어 있어 좀 놀랍기도 했습니다. 실제로 예년에 비해 주목할 만한 중진 시인의 시집이 상대적으로 많이 출간되었기 때문에 이런 결과가 나온 것 같기도 합니다. 먼저 홍용희 선생님께서 시인의 시집들에 대해 이야기해 주시겠습니까?

홍용희: 신경림, 이태수, 이성복은 누가 뭐래도 우리 시단을 오

래동안 선도하고 지탱하고 갱신해 온 대표적인 시인들이지요. 먼저 신경림은 오랫동안 폭넓은 독자층을 지닌 우리 시대 대표적인 '민중적 서정시인' 이지요. 그의 시세계는 창작 방법론으로서 리얼

리즘이 아니라 구체적인 삶의 리얼리티의 추구라는 특징을 보여 왔습니다. 그래서 그의 시편들은 이념적 논리, 인식, 전망의 그물망으로 규정하거나 가둘 수 없는 살아 있는 생활 세계의 현장, 질감, 언어의 장을 펼쳐 왔지요. 그의 시세계는 마치 '파도가 친다' 가 아니라 '파도가 춤춘다' 고 표현해야 되는 입체적 정황과 생동성을 보여 주었습니다. 이를테면 그의 대표작 「농무」의 경우 "산 구석에 처박혀 발버둥친들 무엇하랴."라는 하소연이 "쇠전을 거쳐 도수장 앞에 와 돌 때"는 "점점" 올라가는 "신명"으로 몸바꿈을 합니다. 고통이 신명의 계기가 되는 반대 일치의 연속성이고 입체성이지요. 이번 시집 『사진관집 이층』 역시 그의 시적 리얼리티의 살아 있는 현장감을 읽을 수 있습니다. 『사진관집 이층』을 읽는 것은 한 권의 흑백 사진첩을 펼쳐 보는 듯합니다. 사진첩에는 지난 세월의 풍경이 두런두런 살아 움직이고 있습니다. 대체로 기억으로서 풍경은 아름답게 착색되는 경우가 많지요. 우리는 지나간 시간과는 쉽게 화해하고 타협하는 경향이 있기 때문입니다. 그러나 신경림의 경우는 기억의 풍경마저도 리얼리티의 구체성을 잃지 않고 있습니다. 이를테면 "어쩌면 다시는 헤어나지 못한다는,/ 헤어나도 언젠가 다시 닥칠지 모른다는 두려움에 떨던,/ 나의 마흔이 싫다."는 진술에서 보듯, 마흔 시절의 현실이 있는 그대로 포착되고 있습니다. 또한 "억센 사투리로 늘어놓는 돈타령 양식타령이/ 노래판으로 바뀔 때쯤엔 남정네

들도 한둘 나타나/ 어느새 마당에서는 풍물이 벌어지기도 했으나/ 이런 날일수록 아버지는 늦어서야 돌아왔다."(「불빛」)의 경우처럼 고통, 신명, 애틋함 등이 서로 엇섞이고 몸바꿈을 하는 특유의 입체적 현장감을 보여 줍니다. 빛과 어둠, 선과 악, 사랑과 미움이 이분법적으로 구별되지 않는 것이 삶의 이치이고 원리라는 것을 정서적 체험의 언어로 보여 주고 있는 것이지요. 그리고 이와 더불어 그의 시적 리얼리티가 성취하고 있는 또 다른 특성으로 너무도 낯익은 반복적 일상에 대한 재발견을 들 수 있을 것 같습니다. "정릉동 동방주택에서 길음시장까지/ 서른 해 동안 어머니가 오간 길"이 "메데진에서 디트로이트에서 이스탄불에서 끼예프에서/ 내가 볼 수 없었던 많은 것"(「정릉동 동방주택에서 길음시장까지」)이 있음을 발견하기도 합니다. 마치 티끌 먼지에서 우주의 존재 원리를 발견하는 화엄적 사유라고나 할까요. 일상성의 중첩된 시간 의식의 깊은 주름을 펼치면 온 세상을 모두 뒤덮을 수 있다는 원리라고나 할까요, 신경림 시집의 시적 리얼리티의 깊이와 성취를 다시 발견하게 되는 작품집이라고 생각됩니다.

이태수

이태수 『침묵의 결』은 시집 제목부터 시력 40여 년 동안 12권에 이르는 시집을 간행한 원로 시인의 통례와 사뭇 다른 청신한 긴장과 결기를 지니고 있습니다. 대체로 시편의 제목들이 명사형을 이루면서 시상의 전개 과정과 창작 방법론이 교과서적인 규범성을 띠고 있습니다. 예를 들어 「눈[雪]」이란 시를 보면, 1연과 2연은 외부 정경 묘사에 3, 4연은 이를 바탕으로 한 내적 사유가 주조를 이룹니다. 시적 대상에 대한 서경과 서정의 미적 전개가 가지

런히 개진되면서 눈의 심상이 섬세하게 형성되고 있습니다. 이러한 형식의 균정은 내용에 있어서도 크게 다르지 않습니다. "눈부신 살결", "성스러운 기도", "침묵" 등은 눈의 감각을 구체화하는 보편적 이미지들이지요. 이태수는 순정한 문학도의 자세를 곧추 세운 채 지나치지도 모자라지도 않는 균형 감각을 지켜 나가고 있습니다. 물론 그렇다고 해서 이태수의 시세계가 난숙하지 못한 채 아직 문학청년의 눈높이에서 세상을 바라보고 있다는 것은 결코 아닙니다. 자신과 세계에 대한 전일적 이해는 청신한 문학도의 진지한 자세 속에서 가능하다는 태도이지요. 이를테면 「아기와 노인」 같은 시를 보면, "아기가 난생처음 말문을 여는 순간"과 노인이 "자신의 침묵을 부둥켜안으며/ 저 너머 아득한 침묵 속으로 느릿느릿 가는" 모습을 연속적이고 동시적으로 그리고 있습니다. 말은 결국 침묵으로 귀결된다는 것, 그래서 말과 침묵은 근원 동일성을 지닌다는 것을 맑은 눈으로 직시하고 있는 것이지요. 이번 시집의 중요한 소재로서 빈번하게 등장하는 "침묵"에 대해 좀 더 추적해 보면, 공통적으로 비가시적이지만 활동하는 힘이며 주체로 존재합니다. "침묵은 이내 제 길로 되돌아가고/ 봄 아침은 또 어김없이/ 그 닫힌 문 앞에서 말을 잃게"(「침묵의 벽」)됩니다. 침묵이란 말의 생성지이며 귀결지라는 것이지요. 그리고 "침묵"의 변주에 해당하는 "정적" 역시 "언제나 들어올린 것들을 다 녹여서/ 더욱 낮게 가라앉게"하고 "낮에는 늘 낯익었던 그 제자리로/ 아무도 몰래 옮겨 놓"는 주체입니다. 비가시적인 침묵의 생래와 움직임을 읽는 시선이란 문학도의 청신하고 진지한 결기와 자세가 아니라면 불가능할지도 모르겠지요. 시적 대상을 순차적으로 묘파하고 내면화하는 규범적인 진지함이 자신과 세계에 대한 전일적이고 연속적인 인식과 이해의 깊이로 나아가는 면모를 시범적으로 보여 주고 있는 시집입니다.

이성복 시집 『어둠 속의 시』는 그야말로 어두운 서랍 속에 묻혀 있던 시편들입니다. “1976년부터 1985년까지 씌어진 이 시편들은, 첫 시집 『뒹구는 돌은 언제 잠 깨는가』와 두 번째 시집 『남해금산』의 시들”이 발표될 무렵의 작품이지만 미처 발표되지 않거나 간행되지 않은 시편들입니다. 이성복의 초기 시집인 『뒹구는 돌은 언제 잠 깨는가』, 『남해금산』은 당시에는 물론 지금까지도 강한 파장력과 영향력을 뿜어내는 우리 시사의 대표적인 역작이지요. “깊은 어둠 속에 잠들어 있던” “참담했던 한 시절”의 파토스가 온전하게 되살아나고 있는 반갑고 소중한 만남입니다. 특히 150여 편에 이르는 많은 양의 작품을 완성시켰던 그의 젊은 날의 예술적 고투와 성과에 새삼 놀라게 됩니다. 이성복의 시세계는 매혹적이면서도 간절합니다. 그렇다면 이 매혹적인 간절함은 어디에서 연원하는 것일까요? 나는 결핍의 아름다움에서 기인한다고 생각됩니다. 그의 시세계는 화해, 부드러움, 평정의 절대적 원형 공간의 아름다움을 추구하지만 그러나 이것은 늘 현실화되지 못하기 때문에 결핍 의식에 시달리게 됩니다. 그의 결핍 의식은 아름다움을 향한 불가능의 원망이고 꿈인 것이지요. 이러한 불가능의 원망이 초기 시세계에서는 자신과 세계의 불온성을 비판, 증오, 분노하는 야수적 공격성으로 드러납니다. 초기 시편에 원시적 자아의 그림자가 무섭게 일렁거리는 까닭이 여기에 있지요. 이러한 원시적 자아의 그림자는 점차 『남해금산』을 거치면서

이성복

여성적 부드러움과 온유의 어조로 전환되어 갑니다. 그러나 평정의 원형 공간은 현실 속에 환영처럼 존재할 뿐 구체적인 실체로서 영속성을 갖지는 못하지요. 그것은 세계의 불온성 탓만이 아니라 우리들 내면의 원초적 폭력성 때문이기도 하지요. 그래서 이성복은 또 다시 자학, 격정, 공격성과의 내적 싸움에 시달리게 됩니다. 이렇게 보면, 그는 혁명가입니다. 다만 외부 사회의 변혁만을 제기하는 혁명가가 아니라 인간 내면의 본질과도 싸우는 '영구 혁명가'인 것이지요. 이번에 간행한 『어둠 속의 시』는 주로 아름다운 결핍의 언어가 남성적 폭력성과 부정의 격정을 앓고 있던 시기의 비망록에 해당됩니다. 그래서 이 시집을 읽는 것은 그가 영구 혁명가로서의 자의식과 분열증의 언어를 뜨겁게 토해 내던, 그래서 우리들에게 불안한 매혹에 전율케 하던 시기의 언어를 다시 새롭게 만나는 과정이 됩니다.

유성호: 문정희 시집 『응』은, 그동안 여성으로서의 젠더적 상상력을 심미적 강렬함으로 노래해 온 시인의 매우 아름다운 기억의 도록입니다. 그런가 하면 시인은 아이러니와 위트를 적극 원용하여 서정시가 줄 수 있는 언어적 탄력을 우리로 하여금 최대한 경험하게 해 주고 있습니다. 시인은 몸의 원형적 생명성과 그에 수반되는 주술적 모국어를 통해 지상에서의 생이 거느리는 빛과 그늘을 동시에 은유하면서, 삶에 대한 깊은 성찰을 보여 주는 쪽으로 현저하게 진화해 왔는데, 이번 시집에서도 타자를 향한 시인만의 사랑의 운동 과정이 아득하게 펼쳐집니다. 문정희 시학의 정수는 이처럼 삶과 언어에 대한 정념과 진정성의 토로에서

발원하는 것입니다. 가령 시인은 「조장鳥葬」에서 "사막에서 시신을 쪼아 먹는 새"를 통해 우리 모든 존재자가 "살과 피"로 이루어진 육체적 존재임을 다시 한 번 깨닫습니다. 곧 "세상의 모든 새들이 육친"으로 다가오는 순간, 자신도 "아무리 씻어도 죄 냄새"를 가진 육체이고, 거기 묻은 슬픔과 고독의 힘으로 시쓰기를 고행처럼 지속하고 있음을 알아갑니다. "살덩이로 사는 한 그림자를 벗어날 수" 없는 것이지요. 이어지는 "살덩이/ 눈알/ 날개/ 발자국" 등은 일차적으로는 '새'의 신체적 세목이지만, 그것은 곧 시인의 존재 근거가 되어 '그림자'와 '불안'과 '상처'와 '무덤'이라는 이미지들을 후속적으로 거느리면서 '새'와 '시인'을 등가적으로 연결하게 됩니다. 어느새 시인은 온몸으로 추락하여 땅에 떨어져 스스로를 쪼아 먹는 한 마리 "쫓기는 검은 새"가 되는데, 이 상상적 존재 전이 속에서 시인은, '몸'의 직접성을 통해 가장 원형적이고 강렬한 자기 성찰의 방법론을 보여 준 것입니다. '몸'이란 결국 인간 존재를 구성하는 가장 구체적이고 감각적인 물리적 실재이자, 모든 인간 문화가 생성되는 최초의 지점이 아닙니까? 또한 '몸'은 모든 행동의 물리적 원천이므로 우리는 억압된 육체에 대한 기호화 과정으로서의 예술적 귀환을 통해 근대가 이룩한 주체 · 권력 · 이성 · 중심의 언어에서 타자 · 탈권력 · 감성 · 주변의 언어로 문화적 핵심을 전환하려는 욕망과 만나게 되는 것이 아닙니까? 그 언어를 통해 우리는 인간 자체가 아니라 인간과 인간 사이를 발견할 수 있을 것입니다. 그렇게 문정희 시인은 '몸'에 남은 기억, '몸'이 '몸'을 감각하던 순간, '몸'으로 '몸'을 만나는 교섭, 이 모든 것을 통해 인간과 인간 사이를 새롭게 성찰할 수 있는 근거를 지속적으로 사유하고 있습니다.

최동호

최동호 시집 『수원 남문 언덕』은 압축과 여백의 미가 살아 있는 단시 전통을 통해 서정의 본령 회복을 수행하려는 의지로 출렁이고 있습니다. 최근 최동호 시학의 향방을 여러 축에서 선명하게 보여 주는 시집이 아닐 수 없겠습니다. 그 하나는 최근 그가 심혈을 기울여 담론화 해왔던 '극서정' 곧 극소 언어를 통한 의미론적 무한 확장의 지향이고, 다른 하나는 인간과 세계의 심층에 대한 깊은 '구도' 의 지향이고, 마지막 하나는 자기 기원으로 귀환하여 새롭게 생의 결절을 구축하려는 '회귀' 의 지향입니다. 이처럼 시인은 '극서정' 이라는 양식적 탐색 의지를 일관되고 집중적으로 보여주면서, 인간과 세계에 대한 형이상학적 궁구 의지와 함께, 오랫동안 자신의 생 안에서 출렁이던 고향에 대한 부단한 애착과 회귀 의지를 선보이고 있는 것입니다. 가령 최동호 시학은 초월과 암시를 주음으로 하면서 생략의 미학을 구현해 가는 단시적 완결성을 서정시의 귀중한 창작 방법이자 가장 중요한 미적 권역으로 삼아 가고 있습니다. '말하지 않음' 으로써 의미 과잉을 경계하는 이러한 작법이 현대인의 잃어 버린 시적 아우라를 되부르는 강력한 방법으로 원용될 때, 완성도 높은 장인정신이 요청되는 것은 두 말할 나위 없을 것입니다. 그러한 장인정신의 극점에 '극서정시' 논의가 따라붙게 되었고, 시인은 '극서정' 이라는 방법적 명명을 통해 "속도를 거부하고 속도를 초월하는 순간의 시학"(「시인의 말」)을 구상하고 실천한 것입니다. 퍽 아름다운 시편 「화령전」에는 "첫사랑 시의 입맞춤"의 기억이 환기되면서 남몰래 화령전 붉은 기둥에 새겨 놓은 그 입맞춤의 수

줍음 뒤로 "누가 볼세라 잠 못 든 어린 날"이 오버랩되고 있습니다. 마치 나비 날아간 꽃밭 사잇길처럼, '화령전'은 소년에게 꿈의 소롯길이 되어 준 것입니다. 이번 시집에는 이러한 기억의 현상학이 아름답게 펼쳐져 있습니다. 이처럼 이번 시집에서 '수원'으로 명명되는 여러 기억들에는 심리적 퇴행이 아니라 자신의 현재형을 가능케 했던 삶의 저류를 찾아가는 적극적 탐색 의지가 개입하고 있습니다. 그래서 저는 이번 시집이야말로 서정의 가장 핵심적인 역할과 직능을 최대한 정예화하여 우리에게 들려준 극점의 언어적 결실이라고 말할 수 있겠습니다. 그만큼 그의 시편들은 어떤 근원으로의 귀착 충동을 가지면서, 인간과 세계에 대한 성찰과 재구축 작업, 구도적 서정과 기원 탐색의 의지를 통한 역류의 상상력을 선연하게 보여 주었습니다. 이 점, 종요로운 비평적 가치가 부여되어야 할 것입니다. 다음으로는 중견 시인으로 넘어가 볼까요?

중견 시인들의 세계

힘돈균: 정끝별 시인은 벌써 등단 27년차가 되는 중견 시인입니다. 시인의 시집은 늘 제목이 참신하고 발랄했습니다. 서정성과 모더니티를 공유시키는 제목들인데, 거기에는 시인 시들의 특성인 유연한 유희성이 잘 나타납니다. 이번 시집 제목은 『은는이가』. 잘 알듯이 '은는이가'는 한국어의 주격조사지요. 이런 제목은 그 시의 지향을 잘 드러냅니다. 주격 조사란 결국 세상 일들의 행위

주체와 관련됩니다. 주체와 마주선 것은 객체가 되지요. 시란 삶의 두 양태가 되는 주체와 객체, 주관과 객관 사이의 만남과 거리를 측정하는 일이지요. 모(국)어의 뉘앙스에 민감한 자가 시인이라고 할 때, 정끝별 시인은 모국어의 뉘앙스를 통해 세상의 장삼이사들 사이에서 벌어지는 온갖 오욕칠정과 관계의 양상과 삶의 진실을 포착할 수 있다고 생각한 듯합니다. 시집은 서정적이면서도 모던하고, 심플하면서도 복합적입니다. 말의 뉘앙스가 세상의 아이러니를 포착하고 있다는 뜻이겠지요.

곽효환

곽효환의 시집 『슬픔의 뼈대』는 시인의 세 번째 시집이지요. 이전 시집이 『인디오 여인』이었는데, 이번에도 시집 제목으로 직접 노출하지는 않았으나, 우리가 발 딛고 선 한반도 바깥으로의 관심과 상상력은 지속되고 있습니다. 티베트, 고비 사막, 러시아 등 그의 시는 직접 대륙을 오가는 여행자의 체험과 거기에서 빚어지는 단상들이 중요한 모티프를 이룹니다. 그러나 그가 거기서 발견하는 대륙은 규모는 웅장하지만, 작고 약한 것들이며, 이 대상에 대한 포착은 시인의 삶의 경험과 어울려 어떤 문학적 연민이라 할 만한 것을 발동시킵니다. 거대한 것을 바라보지만, 그 시선은 작고 가냘프고, 사라지고 훼손된 것에 머물면서 시적 우수를 만든다고 해야 할까요. 여기에는 대륙이 지녔던 건강함에 대한 찬미, 훼손되지 않은 인간성에 대한 기억이 스며 있으며, 이는 다시 시인이 살고 있는 땅에 대한 성찰과 역사에 대한 물음으로 이어져 돌아온다는 점에서 이국취가 아니라 지금 여기에 대한 질문의 시가 됩니다.

전동균의 시집 『우리처럼 낯선』은 2014년 백석문학상 수상 시집이기도 하지요. 이 시집은 좀 특이한 구도를 가지고 있습니다. 전반적으로 표면적인 인상은 자연에 대한 관조시같이 여겨집니다. 시의 언어는 간명하고 섬세하며 잘 정제되어 있습니다. 감정의 과잉이 없고 절제되었다는 점에서 좋은 '서정시'의 한 모델을 보여 주는 듯합니다. 그러나 시집은 이 절제 속에서 뜻밖의 '낯선' 순간의 임재를 보여 줍니다. 이것은 시인의 '발견'이기도 하지만, 실은 여기와 이어져 있으나 우리가 알지 못하는 미지를 보여 준다는 점에서 세계의 연속과 단절을 섬광처럼 이미지화하지요. 전통적 관조는 주체의 시선에 풍경이 모두 관장되어 있다는 점에서 정적이지만, 이 시집의 경우 풍경을 꿰뚫고 들어오는 어떤 시적 섬광을 개입시키고 있다는 점에서 관성적이지 않습니다. 이러한 시적 풍경 바닥에는 기이한 종교성이 내재해 있어서, 이 시간과 현재 단절된 우주의 섭리가 이곳으로 다시 이어지기를 바라는 시적 서원이 깃들어 있습니다. 서정성과 종교성은 이런 점에서 부조리한 현실의 훼손에 참다운 역사성이 깃들기를 바라는 마음과 이어집니다. 눈여겨 볼 만 한 시집이라고 생각되네요.

전동균

이규리 시집 『최선은 그런 것이에요』는 시인의 세 번째 시집입니다. 이번 시집도 시인다운 유연한 발상과 생의 발견을 보여 주고 있지요. 해설을 쓴 박상수 시인도 이야기했지만 이규리 시의 특징은 생의 진실을 대면하지만 그에 대해 절망하지도 초월하지도 않는 자의 어떤 담담함입니다. 그것은 생에 있어 불가피한 성을 불가피한 것으로 받아들이되 그것을 순응주의로 수락하지는 않

이규리

는 시적 용기입니다. 시인이 실천이란 그 진실을 대면하고 포착하는 일이라고 할 수 있지요. 소소한 일상이지만 그녀의 시에는 '아, 맞아. 그런 것이었지!' 하며 무릎을 치게 만드는 발견들이 있습니다. 다시 돌아보고, 또 돌아보며 살피는 시적 성실성이 있기 때문이지요. 언어는 유려하면서도 발랄하고, 서정적이면서도 모던한 말놀림을 보여 줍니다. 두 번째 시집 『뒷모습』 해설에서 김수이 평론가가 '잡음까지 잡아내는 성능 좋은 녹음기' 라고 했던 게 생각납니다. 섬세한 시선은 작아 보이지만 복합적이고 그래서 '크다' 라는 뜻입니다.

홍용희: 나희덕의 『말들이 돌아오는 시간』은 "한때 나는 뿌리의 신도였지만/ 이제는 뿌리보다 줄기를 믿는 편이다"라는 전언에서 출발합니다. 실제로 그의 첫 시집은 『뿌리에게』였지요. 그의 시세계의 원적이었던 나무가 이번 시집에서도 삶의 "길을 그"(「길을 그리기 위해서는」)려 주는 원형 심상으로 등장하고 있습니다. 그가 "뿌리보다 줄기를 믿는 편"이 된 이유는 "뿌리로부터 멀어질수록/ 가지 끝의 이파리가 위태롭게 파닥이고/ 당신에게로 가는 길이 조금씩 보이기 시작"(「뿌리로부터」)하기 때문입니다. 여기에서 "당신"이란 삶의 이편과 반대되는 "위태로움"이고 "허공"이고 "죽음"을 가리킵니다. 너무도 깊고 서늘한 비관주의지요. 그러나 그의 시세계는 다시 비관의 심연으로부터 자기 구원을 열어 나가는 면모를 보여 줍니다. 물론 여기에 이르기 위해서는 "누군가 까마득히 멀어지는 풍경,/ 그 쓸쓸한 소실점을 끝까지 바라보"아야 하는 시간을 견뎌 내는 과정이 있어야 했습니다. 아

우의 죽음을 비롯한 신산스런 고통의 시간들을 온 몸으로 앓아야 했던 것이지요. 이것은 "죽음이 투명해질 때까지/ 죽음을 길들"(「식물적인 죽음」)이는 과정으로 표현됩니다. 이때, 투명한 죽음이란 마치 "세상의 파도란 파도는 다 겪어 본 듯한" 사람에게서 읽을 수 있는 "고요한 얼굴"(「휠체어와 춤을」)과 같은 경지입니다. "죽음"과 "파도"가 "투명"과 "고요"의 초월적 아우라를 낳고 있는 것이지요. 역설적 통합의 미학의 한 진경을 보여 주고 있습니다.

안상학

안상학, 김선태는 각각 영남과 호남의 지역적 삶과 정서를 바탕으로 한 노래를 통해 중원의 시단을 흔들고 있지요. 안상학의 『그 사람은 돌아오고 나는 거기 없었네』의 전반적인 어조는 질박하고 애잔합니다. 시집 전반에 "그 사람은 돌아오고" "나는 거기 없"는 '엇'의 미학에서 배어나오는 그늘이 내밀하게 드리워져 있기 때문입니다. '엇'은 전통 민예에서 나아갈 듯 나아가지 않고, 될 듯 되지 않는 역설적 모순 구조의 정황을 가리키지요. 전통 민예에서는 이러한 '엇'에서 배어나오는 '그늘'이 관객을 끌고 다닌다고 합니다. 깊은 예술적 감동은 이러한 '엇'의 그늘에서 나오기 때문이지요. "그 사람이 아침처럼 왔을 때 나는 거기 없었"습니다. "그 사람을 찾아 눈 내리는 들판을/ 헤매 다"녔기 때문입니다. 왜 이런 '엇'의 상황이 발생한 걸까요? 그것은 "시간이 가고 오는 것은 내가 할 수 있는 게 아니었"고 "계절이 오고 가는 것은 내가 할 수 있는 게 아니었"기 때문입니다. 안상학은 불가항력적인 운명의 결을 노래하고 있는 것입니다. 이러한 '엇'의 그늘은 "먹고 죽을 돈도 없었을 내 아베/ 아들이 이럴 때마다 저럴 때마다/ 아부지가 어떻게든 해 볼게" 하던 목소리와 또 그 목소리를 지금 딸에게 반복하고 있는 나의 상황에서도 드러납니다. 안상학 시세계의 핵심적인 미의식은 여기에 있는 것으로 보입니다. 그리고 또 하나 더 든다면 해학성입니다. 그의 시편에 자주 등장하는 권정생 선생에 관한 시편 중에 「쌀 석 섬」의 경우 "평소 자신의 몸 상태를" "멀쩡한 사람이 쌀 석 섬 지고 있는 것 같다"는 경우나, "언제 한번 내가 내손을/살갑게 잡아준 적 있었나"라고 하는 어법은 절박하면서도 웃음을 자아냅니다. 일종의 투박하지만 정 깊은 경상북도 골짜기의 생활 유머라고나 할까요. 질박하고 어눌한 듯하면서도 삶의 이치를 더듬어나가는 그의 화법은 마침내 "문득/그 꽃을 생각하니/아직도 그 앞에 쪼그리고 앉은/내가 보이네"라고 말합니다. 사물을 통해 나를 만나고 나를 통해 사물을 읽으면서 자신의 말과 귀를 자연의 이법에 맞게 순하게 만들어가는 모습이 선연하게 펼쳐진 시집입니다.

김선태의 『그늘의 깊이』는 "짠하고 절실"한 삶의 내력과 정감이 때로는 유려한 남도의 가락을 타고 때로는 판소리의 아니리조로 실타래처럼 풀어내고 있습니다. 그는 문명 저편의 재래적이고 토속적인 삶의 심연을 다시 불러오고 있는 것이지요. 그가 「시인의 말」에서 전언하고 있는 것처럼 "마음의 심연에 가라앉은 낡고 오래된 것들의 덕목을 건져 올려 다시 말갛게 씻어 말리고" "그 깊이와 향기로 천리를 가고"자 하는 것이지요. "꽃은 다투어 피는데/ 너는 속절없이 지네// 어미의 서러운 옷고름 휘날리는 하동포구 칠십 리 ……"(「봄날은 간다」) 같은 유장한 가락은 켜켜이 쌓인 남도의 오랜 정한을 깨우고 있습니다. 특히 2부 「섬의

리비도」 연작은 문명의 금기, 윤리, 금제를 한순간에 넘어서고 무화시키는 생존의 원리를 처연하고 뜨겁고 절절하게 풀어내고 있습니다. 이들 시편에 굽이치는 극한의 인생 유전은 어느새 깊은 체험적 동질성을 느끼게 합니다. 문명 이전의 생명적 근원의 언어에 해당되기 때문이겠지요. 그가 직접 노래하듯이 "슬픔은 더 깊은 슬픔으로 달래라 했던가"(「흑산도」)요. 그의 토속적인 미분성의 언어는 어느새 문명적 삶의 균열을 위무하고 치유하는 염력으로 작용하고 있습니다. "문명의 반대편에서" "오래된 미래"를 사는 시적 삶의 한 면모를 유감없이 보여 주고 있습니다. 그의 이러한 시편들은 미당 서정주 선생의 전통 설화에 바탕한 산문적 정조와 화법을 연상시키게 합니다. 김선태는 남도의 시적 계보를 도도히 지켜나가고 있다고 할 수 있겠군요.

이재무

유성호: 이재무 시집 『슬픔에게 무릎을 꿇다』는 그때그때 순간적으로 찾아오는 시적인 것을 경험하고 발견하여 그때의 순간적 충실성을 가장 예민하게 담아 낸 성과입니다. 이재무 시학이 지니는 분명한 속성은 시편 하나하나가 우리 삶의 구체적 내러티브로 집중되고 있다는 것입니다. 물론 이 말이 그가 어떤 서사 지향적인 양식 모색을 꾀했다는 것을 뜻하지는 않습니다. 다만 그는 시적 완결성을 중시하되 그것들이 자신의 삶의 조건들을 매우 충실하게 반영하게끔 투명성의 언어를 일관되게 견지해 왔고, 그만큼 그의 시편들은 자연스럽게 그가 살아온 삶의 내력을 환기하는 일정한 내러티브적 속성을 띠게 됩니다. 이번 시집도 이러한 기율이 확장되고 심화되면서 더욱 투명하고 소통 지향적인

공감 시학을 펼쳐내고 있습니다. 이번 시집에는 일상적이고 물리적인 현실을 벗어나 새로운 삶으로 전환하고자 하는 깊이 있는 열망이 펼쳐지고 있습니다. 특별히 시인이 일관되게 추구하고 표현해온 사물과 내면의 유추적 결속이 드러나며, 잃어버린 시간을 상상적으로 추구하는 표현이 빛납니다. 그리고 소외된 사람들에 대한 연민과 애정, 인생의 허무와 그 안에 담긴 진실이 인상 깊게 그려져 있습니다. 비정규직인 시인 자신의 삶에 대한 성찰, "여름날 아침 제비가 처마 떠나 들판 쏘다니며/ 벌레 물어다 새끼들 주린 입에 물려 주듯이"(「폐선들」) 열심히 살아온 자신에 대한 역설적 긍정도 아름답게 담겨 있습니다.

김경미

김경미의 시집 『밤의 입국 심사』는 자아와의 불화와 그 궁극적 화해 과정을 아름답고도 개성적인 형상과 목소리로 드러낸 우리 시대의 가장 뛰어난 미학적 화폭입니다. 해설자도 공명하고 있듯이, 이번 시집은 현재의 '나'에 대한 기록이며 미래의 '나'를 위해 정성스레 뿌린 씨앗과도 같다고 하겠습니다. 가령 "세상이 무엇을 할 때 나는 무엇을 하는가"(「밤, 기차, 그림자」)라는 전언에서 시인은 자신으로의 몰입과 그것으로부터의 이격을 동시에 시도합니다. 그 결과 김경미 시인은 시를 통해 궁극적인 '개인'의 의미를 묻습니다. 이 점, 집단의 목소리를 통해 역사적 상상력에 몰두해 왔던 우리 시의 한 심급에 대한 격렬한 항의요, 그 역상으로서의 휜칠한 성과입니다. 그간 내면의 목소리에 귀 기울이며 특유의 감각으로 다양하게 자기 정체성의 모색해 왔던 시인이 그 열도와 심도를 극대화한 것이지요. 첫 시집 『쓰다 만 편지인들 다시 못 쓰랴』(1989) 이후 지속되어 온 이러한 시쓰기 방식은, 그 지속성과 균질성에서 우리 시단 누구도 따라가기 위한 돌올한 차원에 이르렀다고 할 수 있겠습니다. 다음으로는 신진들의 세계로 넘어가 볼까요? 여기에 대해서는 세대론적으로 함 선생님의 독후감이 궁금해집니다.

신진 시인들의 세계

최금진

함돈균: 최금진은 본래 시대와의 불화 속에서 불행한 삶을 사는 인간 군상을 다루어 왔습니다. 이제 '민중'이라는 말은 한국 문단에서 거의 사용하지 않지만, 그에 해당하는 인간 군상에 가까운 존재들이 등장하는 시를 꼽으라면 그의 시가 이에 가깝지 않을까 합니다. 2000년대식 리얼리즘의 계보에 속하는 시인이라는 뜻이지요. 그런데 이번 시집 『사랑도 없이 개미귀신』에서는 미묘한 변화가 감지됩니다. 역사와 사회적 삶에 직접적으로 노출된 '민중'이라기보다는, 한 필터가 여과된 '개인'들에 대한 관심으로 이동한 게 아닌가 하는 생각이 듭니다. 불행한 삶 자체라기보다는 그러한 삶의 굴곡에서 '불행한 의식'을 드러내는 시라는 점에서 이 지점은 전통적 '리얼리즘'에서 다른 지점으로의 이동 내지는 확장이라고 말할 수도 있지 않을까요. 화자가 역사의 관찰자라기보다는 개인적 정서를 드러내는 목소리의 주체가 되었다는 점도 이 시의 서정성을 강화하는 특징이라고 하겠습니다.

김이듬의 『히스테리아』는 역시 김이듬다운 시집입니다. 그의 시적 에너지는 늘 달아올라 있습니다. 화법도 그래서 일반 서정

시와 같지 않지요. 시인은 앞뒤가 없이 딱 하이라이트된 핵심 절정만을 얘기하는 것이라고 할 때, 김이듬의 목소리 톤은 이런 에너지를 전달하는 목소리지요. 여성 화자라고 하지만 김이듬의 화자는 전통적 여성 화자라고 말하기 어렵습니다. 거기에는 에로티시즘과 인간 오욕칠정과 사회적 삶에 정주할 수 없는 자의 '삐딱함'이 스며 있습니다. '히스테리아'라는 시집 제목은 이 시집의 전반적 정서를 잘 응축하고 있습니다. 이 시집 화자가 보여주는 시선의 비타협성과 삐딱함에는 화자 스스로가 제어할 수 없는 어떤 불가피한 에너지가 스며 있습니다. 그것은 리얼리즘적 저항의식도 아니고, 어떤 오타쿠 에너지라고도 할 수 없습니다. 생에 대한 어떤 깊은 불행 의식이 화자와 화자를 둘러싼 타자들을 하나로 묶어 놓습니다. 어떤 신문 평에서 이 시집에서 언급되는 대상들을 '사회적 소수자'라고 적은 것을 본 적이 있습니다. 그러나 김이듬 시집은 그들을 '사회적 소수자'로 보지 않습니다. 그것은 이성적인 파악이며, 존재에 대한 '대상화'라는 점에서 김이듬의 방식도 아니며, 궁극적으로는 문학의 방식도 아니라고 할 것입니다. 그들은 화자와 더불어 '히스테리'를 앓는 존재들입니다. 화자는 시선의 대상으로 그들을 파악하는 것이 아니라, 각자의 생에 내재한 불가피한 불행 의식과 몸의 에너지를 함께 앓고 있는 '그저 있는 존재'들입니다.

이제니의 『왜냐하면 우리는 우리를 모르고』는 시인의 두 번째 시집입니다. 등단할 때부터, 그리고 첫 시집을 낼 때부터 상당한 주목을 받았던 시인이지요. 이제니의 첫 시집과 이번 시집은 비슷하면서도 잘 살펴보면 방법론적으로 다른 방법을 구사합니다. 첫 시집에서나 두 번째 시집이나 공통점은 언어의 우연성과 무의미성, 그러므로 언어의 부조리에 대한 천착이라고 할 수 있습니다. 그런데 첫 시집에서는 이 작업이 논리와 논리를 대질시키고 충돌시키는 방식으로 말의 모순성을 극대화하고 의미를 무화시켰다고 한다면, 이번에는 리듬을 통해 논리를 휘발시키고 있다는 점이 차이점입니다. 첫 시집이 일상어와 그것에 들러붙은 '상식' '관념' 을 단어들 간의 충돌을 통해 어리둥절하게 만드는 유희적 작업이었다고 한다면, 이번 시집은 말의 무의미성과 우연성을 집요한 반복, 그러니까 리듬을 통해 드러냅니다. 이 리듬은 뜻밖에도 일상어를 탈각시키는 주술성을 발휘하면서, 어느 순간 그 말들을 통해 독자들을 새로운 말들이 지시하는 '다른 뜻' 의 세계로 인도하지요. 이러한 음악적 방법론은 아주 없었다고는 할 수 없지만 한국 시에서 많이 시도되었던 언어 실험은 아니라는 점에서 그의 시를 유의미한 자리에 놓는 부분이 있습니다. 앞으로의 작업이 더욱 기대되는 시인입니다.

정형시의 미학

유성호: 시조 시단에 대해서는 제가 뭉뚱그려 이야기해 보겠습니다. 최근 우리 시조 시단은 자유시와 거의 구별하기 힘든, 혹은 시조 양식을 충격적으로 해체하려는 파격의 양식들이 다양하게 선보이고 있다는 점에서 매우 문제적입니다. 물론 이는 시조 양식의 다양한 분기와 자연스런 진화를 보여 주는 첨예한 현상

들일 것이지만, 우리는 여기서 "왜 굳이 시조인가?"라는 원론적 질문을 던져 볼 수 있습니다. 자유시로도 표현 가능한 것을 왜 시조라는 구속적 형식을 통해 표현하려 하는가? 첨단의 디지털 시대에 시조라는 오래된 양식의 궁극적이고 필요불가결한 존재 이유는 무엇인가? 이러한 메타적 질문들과 마주할 때, 우리는 시조에는 어떤 고유한 표현 형식과 자질이 있다는 점에 상도하게 됩니다. 가령 해체 시형을 과도하게 시조 안에 도입하는 것은 정형의 울타리를 벗어나 시조의 정체성을 혼란케 하는 일이라는 점을 지적할 수 있을 것입니다. 그 점에서 이번에 우리가 거론할 시조집들은 정형 양식으로서의 구심적 속성을 한껏 지키면서 한편으로는 새롭고도 기억할 만한 독자적 해석과 감각을 보여 주는 성과라고 하겠습니다.

유재영

먼저 유재영의 시집 『느티나무 비명』은, 시조의 정형 속에서 낡은 의미들을 걷어 내면서 산뜻한 미적 경지를 획득해 낸 가작입니다. 시인은 삶의 의미를 그에 어울리는 생의 리듬들로 생성하는 탁월한 솜씨를 보여 주었습니다. 침묵과 말의 궁극적이며 유일한 결합을 통해 그는 자주 고요와 적막을 불러냅니다. 고요와 적막은 그가 시를 쓰는 불가피한 배경이자, 그의 시가 가 닿아야 할 삶의 숨겨진 비의이기도 합니다. 시인은 「겨울 적소謫所」라는 작품에서 "밤새 내린 폭설"과 "허리 굽은 조선 솔"의 가지런한 대위 속에서 겨울의 고요한 풍경이 한 편의 "얼어붙은 절명시絕命詩"임을 고백합니다. 그 "수직의 빙폭氷瀑 한 필"을 통해 자연의 묵언과 눈부신 적소를 상상함으로써, 시인은 시조 고유의 균정과 심의深意에 다가갑니다. 말할 것도 없이 이는 그의 시조가 오랜 시간 속에서 쌓아온 고유의 특장을 보여 주는 것이기도 하지만, 한편으로는 복잡한 현대인의 감각과 정서를 표현하는 데 따르는 현저한 외적 제약을 극복하면서 가장 구심적인 시조 미학을 구축했다는 것을 뜻하기도 합니다. 그래서 우리는 유재영 시조 미학이 정격正格의 세계를 담아냄으로써 우리 시대에 범람하는 탈격 지향의 흐름에 대해 일정한 미학적 저항을 수행할 수 있는 가능성을 발견하게 됩니다. 다시 말하면 이러한 해석은, 일탈과 변형을 확장하고 있는 최근의 시적 흐름에 대해 유재영 시조가 특유의 형식적 절제를 통한 구심적 인력引力의 역할을 할 수 있다는 것을 시사하는 것입니다.

김영재

김영재의 시집 『화답』은 자연 형상의 심미적 잔상들 안에서 번져 나오는 다양한 풍경들을 채집하고 그것을 감각적으로 표현하면서, 그것들로 하여금 근대가 상실한 느릿하고도 풍요로운 역설의 미학을 구축하게끔 하고 있습니다. 그는 그러한 과정을 일종의 '둥긂'의 상상력을 통해 보여 주고 있는데, 가령 우리는 그 상상력이 시인 자신의 마음속으로 차츰 퍼져 나가면서 심미적 역설의 화법을 퍽 명징하고도 아름답게 구현하는 과정을 바라보게 됩니다. 김영재 시인은 오랜 시간 속에서 모든 대립적 형질들을 지워 나가는 활달한 상상력을 통해, 특별히 주체와 대상, 떠남과 머무름, 비움과 채움 등의 여러 표지들을 지워 나가는 '사랑의 시학'을 아름답게 보여 줍니다. 시인은 곳곳에서 "사랑아/널 보내려고/ 나는 날 버려야 했다"(「전등사 목수의 노래」)라든지 "나 또한 길이 되어 기다리고 싶어라"(「동자꽃」)처럼 '보냄/기다림', '버림/그리움'의 시학적 실꾸리를 올올이 풀어놓습니다. 그렇게 시인은 뜨겁게 자신을 단련하고 비우면서 궁극에는 가장 본질적인 것만 남기려 하는 정신적 고투를 벌이고 있습니다. 김영재 시인에게 '사랑'이란 그만큼 자신이 노래하는 서정의 원천이요 궁극인 것이지요. 김영재 시인이 견지하고 있는 사랑의 힘은 '고향'이나 '어머니' 같은 근원적 귀속처에 대한 오랜 그리움으로 자연스럽게 나아가기도 하고, 그 그리움 안에 오래 경험해 온 시간을 온축하기도 합니다. 그래서 고향이나 어머니가 그 안에 아름답게 깃들이고 있는 것입니다.

이승은의 시집 『넬라 판타지아』는 한편에서는 활달하고 한편으로는 찬찬한 목소리가 이중으로 엮여져 있는 미학적 성과입니다. 끊임없는 굴곡과 확산을 거듭하는 그의 시적 운용은, 현대 시조가 운명적으로 안고 있는 이중의 존재 조건에 대한 충실하고도 섬세한 탐색의 소산이라고 할 수 있습니다. 그 점에서 이승은 시인은, 타자를 지향해 가는 의식의 다양한 확산을 통해 현대성을 확보하면서, 시조 형식에 대해 부단한 탄력을 부여하여 새로운 율격의 다양성을 보여 준다고 하겠습니다. 이번 시집은 이러한 이중적 속성이 출렁이는 성과입니다. 표제작에서 시인은 사북 혹은 태백 근처에서 지나가는 가을을 바라보면서, 그 "반나마 접힌 낮달 시커먼 폐광의 산턱"을 마치 어머니처럼 매만지고 훑습니다. 사뭇 까치발로 따라나선 '산그림자'야말로 시인이 궁극적으로 가 닿고자 하는 타자들 곧 "부르면 애절히 들어줄 그리운 귀"의 가장 구체적 형상이 아닐 수 없습니다. 이처럼 시인의 시선은 타자 지향의 속성을 한결 기울어 가고 있습니다. 또한 이번 시집은 치열한 의식의 움직임과 독특하고도 활달한 화법을 보여 주는 매우 이채로운 결실인데, 그 안에는 타자의 삶에 대한 충실한 관찰과 그들을 향해 퍼져 가는 사랑의 기운이 넘쳐납니다. 그리고 경험이나 사물을 객관화하거나 자아를 투영하면서, 역사와 현실을 비판하기도 하는 가열한 정신을 보여 줍니다. 다음으로는 두 분께서 앞으로의 시단에 대한 전망을 해 주시지요.

전망과 기대

홍용희: 다가오는 날들의 시단을 가늠하는 것은 참으로 어렵고도 난감한 일이라는 생각이 듭니다. 특히 요즈음과 같이 불가능한 것이 없어 보이지만, 그러나 아무것도 할 수 있는 것이 없는 사회에서는 말이지요. 그렇다면 이러한 시대에 시는 무엇을 해야 하며 무엇을 할 수 있는가? 이러한 질문을 절박하게 하게 됩니다. 그래서 저는 시단의 구체적인 동향과 전망보다 당위적인 방향에 관한 생각을 조금 언급해 볼까 합니다. 니체는 『차라투스트라는 이렇게 말했다』에서 '너희의 부지런함은 자기 자신을 망각하려는 의미이며 도피이다' 라고 했었지요. 이 좌담의 서두에서도 언급했습니다만, 성과주의를 내세운 긍정성 과잉, 현존하는 모든 시스템의 비만 등이 가져온 고독하고 자학적이고 파괴적인 피로가 이미 우리 사회에 미만해 있습니다. 오스트리아의 작가 페터 한트케는 파괴적 피로의 대칭점에 '눈 맑은 피로' 를 설정했지요. 이것은 우리에게 영감과 평화와 해방을 주는 사색의 피로, 쓸모없는 것의 쓸모가 생겨나는 무위의 피로와 연관됩니다. 그래서 '눈 맑은 피로' 는 파괴적 피로에 지친 시대에 치유와 영

성을 불러올 수 있는 동력이 될 수 있겠지요. 그렇다면, 고독한 피로를 치유할 수 있는, 능동적 무위 속으로 사람들을 불러 모으는 언어와 문법과 박자는 무엇일까? 이것이 우리 시대 시들의 중심음으로 작동해야 되지 않을까? 점점 더 극심해 가는 사회적 울분과 우울을 극복할 수 있는 관건은 여기에 있지 않을까? 그런 생각을 하게 됩니다. 의문형을 반복해서 쓰게 됩니다만, 우리 시대는 열심히 대답하는 것보다 열심히 질문하는 것이 더욱 중요한 과제라는 생각이 듭니다. 저 역시 이러한 질문들 속에서 앞으로 발표될 작품들을 주의 깊게 읽어 보고자 합니다.

함돈균: 시의 위상은 언제나 세상 질서에서 변방적인 것에 머물러 왔습니다. 그러나 끊임없이 시를 짓고 노래를 부르는 사람들이 사라진 적은 인류 이래 없었습니다. 사람이 사는 곳에는 시가 있습니다. 시는 '이러해야 한다' 고 주장하는 법이 없습니다. '이런 게 있다' 고 말할 뿐입니다. 변방적인 것은 그 '있음' 의 일부이면서, 세상에 드러나는 '있음' 에 의해 가려진 것이라는 점에서 현실적으로는 '없음' 이기도 합니다. 시는 '있음' 과 '없음' 사이에서 무력하고 가려졌으며 목소리 작은 것들의 있음을 드러냅니다. 우리 시대는 강하고 화려하며 목소리 큰 것들의 위세에 의해 작고 힘없고 작은 목소리들이 억압 받는 시대입니다. 사회적으로도 문화적으로도 정치적으로 그러하며 지난 수년간 그러한 상황의 퇴행은 더 심해지고 있습니다. 그것에 의해 인간 내부, 우리 자신 안에 있는 순진한 타자의 발견도 점점 어려워지는 시대입니다. 우리 시대의 시가 그 순진한 타자를 자기 안팎에서 발견하고 격려할 수 있는 어떤 것이 되기를 바랍니다.

유홍준 시편 「유골遺骨」에 대하여

유성호: 이번에 '2015 작가가 선정한 오늘의 시'에서 동료 문인들로부터 가장 많은 지지를 받은 유홍준 시편에 대한 이야기로 한번 옮겨 볼까요? 함돈균 선생님께서 먼저 이야기해 주시지요.

함돈균: 유홍준의 「유골」에는 존재를 대면하는 자의 지극한 마음이 있습니다. 유골이란 죽은 것이지요. 그것은 지상에서 없어진 것이며, 그래서 지상의 자리에서 아무런 관심도 받지 못하며, 힘도 가지지 못한 것입니다. 그러나 한때 '유골'도 지상에서 삶의 자리가 있었을 것입니다. 유골을 생각하는 마음, "유골 수습하는 손길이 조심스"러운 것은 한때 있었던 지상의 시간을 기억하기 때문이며, 지상에 자리 없는 존재를 존중하기 때문입니다. 이 시에서 죽은 것과 만나는 화자의 마음은 거만하지 않으며 겸손합니다. 그것은 지상에 자리 있는 존재가 지상에 자리 없는 존재를 보듬는 마음입니다. "글을 쓰면 碑文만" 쓰고, "글을 읽으면 祝文만 읽"는 마음은 결국 만상에 대한 모종의 관대함이며, 껴안음이자 기도가 됩니다. 비문과 축문에는 죽은 것들은 죽은 것대로, 산 것들은 산 것대로 자기 세상에서 잘 되기를 바라는 서원이 깃들어 있습니다. "글"이 그렇게 된다는 것은 시인의 시가 이런 성격의 것이라는 것이겠지요. "살 없이/ 내장 없이, 눈 없이/ 사람을 완성하는 일"이란 그 마음이 먼저 만상에 지극하게 가 닿았으므로 가능한 일이 됩니다. 유골을 향한 이 지극한 '닿음'이 "사람을 완성"할 때, 시인인 화자 자신도 "유골" 그 자체가 됩니다.

시의 마음과 만상의 마음은 서로에게 깃듭니다. 초월의 제스처가 없이 산 것과 죽은 것이 만나는 평범하고 지극한 만남의 태도를 얘기하고 있고, 그것을 시의 삶과 연결 짓고 있다는 점에서, 거대한 사회적 죽음이 문제가 되고 있는 우리 시대에도 간접적으로 시사하는 바가 있다고 생각됩니다.

홍용희: 유홍준의 「유골」은 시적 발상이 흥미롭습니다. 삶의 입장에서 죽음을 껴안고 있는 것이 아니라 죽음의 입장에서 삶을 껴안고 있습니다. '모든 삶은 죽음을 향한다. 그래서 삶과 죽음은 둘이 아니다.' 라는 명제를 뒤집고 있습니다. '모든 죽음은 삶을 향한다. 그래서 죽음과 삶은 둘이 아니다.' 라는 명제인 것이지요. 내가 죽어서 "유골"이 된 것이 아니라 "유골"이 살아서 내가 되었습니다. 저는 신라의 고도 경주에 갈 때마다 이곳은 사람이 주인이 아니라 무덤이 주인이라는 생각이 들곤 했었습니다. 그렇다고 크게 달라지는 것은 없지요. 오히려 삶의 풍경이 하염없이 한가롭고 평화롭게 느껴지곤 했어요. 이 시편에서는 바로 그와 같은 무시간성의 해방감을 느끼게 합니다. "무덤 위에 올라가 望"을 보고 "祭床 위에 밥을 차려놓고/ 먹"고 있습니다. 유골이 살아서 활동하는 일상의 세계입니다. 삶 속의 죽음 혹은 죽음 속의 삶을 아주 친숙하게 이해시키는 시편입니다. 죽음의 편에 서면서 삶의 근원과 본성과 허상을 효과적으로 환기시키는 시편입니다. 관습적 상상을 뒤집어서 관습적 일상의 실체를 오랫동안 직시하게 하는 시편입니다.

유성호 : 감사합니다. 오랜 시간 정말 수고하셨습니다.

당신의 집은
무덤과 가깝습니까
요즘은 무슨 약을 먹고 계십니까
무덤에서 무덤으로
산책을 하고 있습니까
저도 웅크리면 무덤, 무덤이 됩니까
무덤 위에 올라가 望을 보았습니까
祭床 위에 밥을 차려놓고
먹습니까
저는 글을 쓰면 碑文만 씁니다
저는 글을 읽으면 祝文만 읽습니다
짐승을 수도 없이 죽인 사람의 눈빛, 그 눈빛으로 읽습니다
무덤 파헤치고 유골 수습하는 사람의 손길은 조심스럽습니다
그는 잘 꿰맞추는 사람이지요
그는 살 없이
내장 없이, 눈 없이
사람을 완성하는 사람이지요
그는 무덤 속 유골을 끄집어내어 맞추는 사람입니다
저는 그 사람이 맞추어 놓은 유골
유골입니다

—「유골遺骨」 전문

유홍준 시인 인터뷰

시를 떠나서는 살 수 없는 짐승이 되었으니까

· 인터뷰 _ 장만호(시인)
· 사진 및 글 정리 _ 정미진, 조효주
· 일시 및 장소 _ 2015년 2월 11일, 진주 카페 〈커피플라워〉

'2015 〈작가〉가 선정한 오늘의 시'에 유홍준 시인의 「유골」이 선정되었다. 진주의 한 카페에서 선정 시 「유골」의 창작 배경, 평소의 생활, 시에 대한 생각 등을 들어 보았다. 대담 중간에 근처에 사는 조민 시인과 연락이 닿아 자리를 같이 하였다.

'개판'으로 사는 것, 혹은 자유롭게 사는 것

장만호: 형의 시가 '작가가 선정한 오늘의 시'에 뽑혔습니다. 2013년 소월시문학상을 받으셨으니, 연이어 좋은 작품들을 쓰고 계시다는 문단의 평가가 아닐까 싶네요. 축하드립니다.

유홍준: 도대체 뭔 일이 일어나고 있는 건지 나 같은 촌사람이 뭘 알겠어요(웃음).
〈작가〉 쪽과 통화를 하게 됐는데, 내 시가 네 편이 추천되었다더군요. 시 한 편이 아니라 내가 현재 진행하고 있는 작업들에 대한 평가, 내가 쓰고 있는 시들에 대한 평가라고 생각한다면 기분 좋은 일일 수 있어요. 이 한 편이 뛰어나게 좋은 것은 아니지만.

장만호: 오늘의 시를 넘어 오늘의 시인인가요?(웃음) 이렇게 좋은 평가를 받다 보면 좀 더 좋은 시를 써야한다는 압박감 같은 것이 생길 것 같은데, 어떤가요?

유홍준: 문학상 같은 것을 받고 나면 부담이 생기고 그럴 것 같은데 나는 그런 게 없어요. 지금도 없구. 안 좋으면 안 좋은 거고. 내가 계속 빼어난 작품을 생산해야 되는 것도 아니고(웃음). 유홍준에 대한 평가가 좋지 않더라도 그건 자기네들 생각이고. 내가 뭐 대한민국에 남길 만한 시를 쓰고자 했나, 이렇게 살다가 깨질 일 생기면 깨지면 되지 하는 생각으로 삽니다. 물론 등단 무렵에는 내 작품에 대한 월평이나 평가 같은 것을 눈여겨보고

스크랩도 하던 때도 있었어요. 그런데 지금은 어떤 잡지에 내 시가 나와도 그만 안 나와도 그만. 나온다면 기분 좋은 일이긴 하지만 그렇게 신경 쓰지는 않아요.

장만호: 형의 〈북천〉 시 연작 중에 '북천에서 삶의 방식은 무기력이다.' 라는 시가 떠오르네요. '비가 오든 누가 오든 뭘 하든 이 삶은 그런 삶, 무기력한 삶' 이라던 시. 뭔가를 이루려는 노력도 없고.

유홍준: 내가 우리 나이로 54살이에요. 중년이 됐다면 됐는데, 나는 더 살고 싶다거나 그런 게 없어요. 정말 지금 죽어도 괜찮아. 노후를 위해 저축을 하고 건강하게 살겠다, 라는 생각 같은 건 전혀 없어요. 내가 시를 쓰고 상을 받고 했지만 이것조차도 나에게 그렇게 중요하지 않았어요. 시를 써서 무엇을 얻으려고 하는 것도 없고. 한 마디로 말해서 '개판' 이야. 살다가 말면 마는 거야(웃음).

장만호: '개판' 이라는 말이 유독 와 닿네요(웃음). 그리스인 조르바가 생각나기도 하구요.

유홍준: (웃음).

살아있는 언어를 찾아서

장만호: 그런데 시를 쓸 때도 '개판'으로 쓰시는 건 아니지요?(웃음)

유홍준: 누구나 같지 않을까 싶은데, 시를 통해 뭔가를 이루거나, 어떤 명성을 얻고자 하지 않는 것과는 별개로 일상생활 가운데서도 시에 다가가기 위해, 또 시를 찾으려고 신경이 예민해지는 건 사실이에요. 시에 집중하지 못하게 만드는 잡무나 학교와 같은 요소들이 있는데, 똑같이 싫어. 어느 장소에 가든, 사물이든 뭐든 뭘 쓸게 없을까, 뭘 쓸 수 있을까 하고 늘 생각하게 됩니다. TV 드라마를 보면서도 시 생각을 하는데, 시에 대한 생각은 움직이는 매 순간 가지고 있지요. 산비탈에서 도라지를 캐는 순간에도 그걸 생각하니까요.

이병주문학관에 늘 오는 사람들이 있어요(유홍준 시인은 경상남도 하동군 북천면에 위치한 '이병주문학관'에서 사무국장 일을 맡고 있다). 산불 방지를 위해 산을 관리하고 관찰하는 아저씨도 그 중 한 분인데 나는 '산불조심 아저씨'라 불러요. 아저씨는 아침에 와서 30분에서 1시간 정도, 또 점심 먹고 1시간 정도 머물다 가곤 하지요. 일반적으로 교육을 받았다고 하는 사람들은 경계하고 여과해서 말하는데 그런 사람들은 있는 대로 아주 정열적으로 얘기를 해요. 나를 건드리는 건 그런 사람들의 '몸말', 즉 육화된 언어예요. 그 분하고 동네 할머니가 모여서 하는 말을 들을 때는 그 말에 촉발되어 내가 쓸 수 있는 '시'가 있나 없나 그 생각만 하면서, 그런 말이 나올 때까지 추임새를 넣지요.

그렇게 쏟아져 나오는 말들 중에서 어떤 한 마디가 무심코 나를 건드리는 때가 있어요. 최근에 비가 오면 되니 안 되니, 봄비가 어떻니 하는 얘기를 나누다 "봄 비 잦은 거 하고 계집 통 큰 거는 못 쓴다."라는 말을 들었는데, 이걸 내가 어떻게 반죽하고 재구성을 해서 시 속에 한 구절로 집어넣을 것인가 생각하고 있어요. 그게 시로 나올 때까지 몇 달이고 1년이고 내 머리에 저장돼 있는 거예요. 그러다 조립하는 과정에서 아귀가 딱 맞아 들어가는 경우도 있고, 아닌 경우도 있고. 그리고 그런 말을 들을 때는 그 사람 모르게 휴대폰에 메모를 해 두지요. 잊어버리면 안 되니까.

장만호: 그 느낌과 말을 자꾸 머릿속에서 굴리고 다니는 거죠?

유홍준: 집에 와 드러누워서도 내가 유추를 해보는 거예요. 어떤 상황에서 그 말이 들어가면 시가 될 것인가. 누워서 만날 그거 생각하고 그려 보는 거예요. 다 마찬가지잖아.

장만호: 그런 노력이 있어서 북천이라는 평범한 공간이, 유홍준이라는 시인에 의해서 특정한 공간으로 탈바꿈한 것 같아요. 사실 저도 여러 차례 북천에 가봤지만 북천 연작은 '북천'이라는 공간 자체의 특이함이 아니라 그 공간에 대한 형의 애착과 예민함에 힘입은 바가 크지요. 그 공간으로부터 시를 발견하거나 구성하려는 노력과 의지가 없었다면 일상적이고 평범함 시골 동

유홍준
962년 경남 산청 출생. 1998년 《시와반시》 신인상으로 등단. 시집으로 『喪家에 모인 구두들』 『나는, 웃는다』 『저녁의 슬하』, 시선집 『북천-까마귀』가 있음.

네에 지나지 않으니까요. 그런데 많은 사람들이 이야기했고, 저 또한 공감하는 바인데, 형은 그 공간에 '죽음'과 관련된 이미지를 계속 연결시키고 있다는 거예요.

유홍준: 사람들은 분명히 나를 굉장히 건강한 사람으로 볼 거예요. 산으로, 들로 다니는 걸 좋아하니까. 게다가, 사람들과 교류하고 대면하는 방식을 보면서도 건강한 사람이라고 여길 텐데... 알다시피 내가 자의식이 강한 시인도, 어떤 의도를 가지고 쓰는 사람도 아니고, 주로 쓰다보면 밑그림 없이 마구 칠해대고 마는데, 죽음이라는 게 자꾸 튀어나온다면 글쎄 뭐…. 지난 번 소월시문학상 관련 대담에서도 나왔지만, 그건 내가 죽음에 가까이 있었다는 것이 아닐까 싶어요. 건강한 척 하지만 내가 그런

것에 시달리거나 억눌리는 게 있다는 거지요.

가만히 생각해 보면, 내가 죽음에 끌려 하는 것 같다는 생각을 하기도 해. 〈피와 뼈〉라는 영화를 보면 아들과 아버지가 다투고, 산꼭대기에서 뼛가루를 뿌리고, 죽음과 기괴한 장면들이 많이 등장하는데 나는 그런 것들이 그리 힘들게 느껴지지는 않더군요.

지상 1미터, 죽음의 형식

장만호: 오늘의 시에 선정된 「유골」 역시 죽음에 관한 시라고 할 수 있어요. 특이한 건 유골이 화자가 되어 말하는 것 같지만, 그 외의 다른 목소리들이 섞여 있는 듯한 느낌을 받게 되더군요. 화자가 한 사람이 아니라 다양한 주체들, 혹은 죽음들이 와서 말하는 듯한 느낌을 받게 되요. 창작 배경이 궁금해지더군요.

유홍준: 〈북천〉 연작 중에 「목기에 담긴 밥」이라는 시가 있었잖아요. 병풍 뒤의 망자는 과일을 먹고 싶어 하는데 아들하고 딸은 자꾸 고기 위에 수저를 얹는… 「유골」이라는 작품은 그것의 연장선상에서 쓴 작품입니다. 특별히 복잡하지 않게 단번에 씌어진 시이지요.

순천대학교에서 시창작 수업을 하는데, 학생들이 교실이 너무 갑갑하다고 바람 쐬러 가자고 해요. 학교 바로 앞에 자그마한 언덕이 있는데, 조금 올라가면 무덤이 있지요. 무덤 위에 올라가 보는 경험을 갖게 해주고 싶어서, 무덤 위에 올라가서 노래를 부르거나 시를 읽는 사람은 내가 상을 주겠다고 했는데, 아무도 안 올라가는 거예요. 억지로라도 밀어서 올라가게 했는데도 결국 아무도 안 올라가더군요.

그런데 우리는 글쎄, 무덤 위에 올라가는 데 아무 스스럼이 없어요. 어디 가면 항상 무덤에 올라가보지요. 거기에 생장을 집어넣었든, 화장해서 집어넣었든 단지 형식일 뿐이잖아요? 지상에서 불과 1미터 높이를 올라가는 것뿐이니까.

장만호: 대부분의 시골 출신들은 그런 경험이 있는 것 같습니다. 그곳에서 무덤은 놀이터이면서 마을을 내려다보는 관람석이기도 하지요. 때로는 오싹할 정도로 무서운 곳이기도 하지만요.

유홍준: 네 그래요. 불과 1미터 더 높을 뿐인데, 그런데 또 막상 올라가 보면 맨땅에서 보는 것하고 느낌이 너무 달라. 무덤은 단지 하나의 형식에 불과하다는 생각, 고작 1미터의 흙더미일 뿐이

라는 생각을 하다가도 실제 올라가보며 뭔가 비현실적인 느낌을 갖게 되는 거지요. 이 이중적인 상황 속에서 무덤은, 그리고 죽음은 이전과는 전혀 다른 느낌으로 다가오게 되는 경우가 있어요. 난 학생들한테 이런 걸 느껴보라고, 죽음에 대한 말이나 이론보다는 실제로 느껴보라고 한 것이었는데 결국 나만 올라가게 되었지요. 무덤에 올라가서 '모란 동백'을 부르고도 다섯 곡을 더 부르고 내려왔는데, 그 경험이 시 형태로 나온 것이 「유골」입니다. 이 시는 그러니까 순천산인 거죠.

시를 쓰는 것은 내 안의 짐승을 돌보는 일

장만호: 재미있는 경험입니다. 주제를 좀 바꿔서 강의에 대해 이야기를 하셨는데, 제가 알기로 순천대뿐만 아니라 경남과학기술대, 그리고 동의대에서도 강의를 하고 계시지요? 시를 쓰는 입장에서 시를 가르치는 일이 쉽지 않을 것 같습니다. 시 창작 강의를 하다보면 내 안의 시가 어디론가 빠져나간다고 해야 하나? 저 역시도 그런 경험을 많이 했는데요.

유홍준: 수업을 하면 어쩔 수 없이 기운이 없어요. 축 늘어지는 것 같고. 나도 몇 년 동안 일주일에 수업 10시간을 하고 있어요. 순천대에서 하루 7시간 연강을 해야 하고, 경남 과학기술대에서는 2시간이니, 일주일에 9시간이지요. 이병주문학관 일에, 특강에, 원고에, 집안일, 거기다 어머니가 노인 병원 계시니까 자주 들러야 합니다. 또 종손이니까 내 일을 하는 중에도 집안 대소사

도 챙겨야 하고. 제사도 챙겨야 하고...

나는 시는 생으로, 그러니까 날것으로 쓰는 것이라고 생각을 합니다. 일상에 너무 시달리거나 시 창작 수업을 하고 다니면 그 날것이 사라질까봐, '먹물 짓' 비슷한 걸 조금씩 하게 될까봐 내 나름으로는 경계를 합니다. 동물성이 없어질까 봐, 그러니까 내 안의 '짐승'이 죽을까봐, 관습, 제도에 길들여지지 않으려고... 그렇지만 학생들, 대학원생이나 교수들을 만나게 되면 나도 어쩔 수 없어요. 형식이 사람을 지배하잖아. 복장이나 그런 것들이 신경 쓰여요. 아무렇게나 행동하게 안 되는 거야.

장만호: 탈출구나 완충지대가 필요할 것 같은데요?

유홍준: 그럴 때는 친구들을 생각해요. 나는 한 달 중 한 보름 이상은 친구의 포크레인 공장엘 갑니다. 거기 모이는 친구들은 최종학력이 중졸 이하에요. 몸으로 사는 사람들이지요. 거기에 비하면 고등학교를 나온 나는 먹물인 셈인데, 내가 거기서 하는 일은 아무 말도 없이 뒤켠에 누워 있는 겁니다. 친구들과 다른 사람들이 포커도 치고, 술도 먹고 하는데 술 한 잔 주면 얻어먹고 TV 보거나 하면서 그 사람들 이야기를 가만히 듣고 있지요. 아까 산불 조심 아저씨 이야기처럼 욕설이 가득 들어 있는 그들의 이야기를 듣고 있으면, 어딘가에서 생명력이랄까, 내 안의 짐승이 다시 살아나는 것 같아요. 그들의 이야기 중 내 마음을 건드리는 것들을 모아놓곤 합니다. 거기에서 또 시를 발견하기도 하구요. 한번은 그들 중 한 친구가 내 시를 봤어요. 객지 친군데,

그 친구 말하기를 "에이구, 씨팔. 이 새끼 시 잘 쓴다 해서 읽어 봤는데 아무것도 아닌 기네. 내라도 이만큼 쓰긋다."(웃음) 맞아, 그 사람들이 보기에 내 시는 아무것도 아닌 거라. 고급들이 볼 때는 신기하기도 하고 이런저런 평가를 하는데, 노가다들이 보기에는 아무것도 아닌 거라.

장만호: (웃음) 그만큼 형의 시가 보편적이고 또 친근하다는 거겠지요. 형 말씀처럼 먹물 냄새 안 나면서 날것, 살아있는 것의 냄새를 풍기는 때문이겠지요.

유홍준: 그 사람들이 하는 말들이나 삶을 눈여겨보고 시 속에 끌고 오는데, 자기네들은 그게 쉽다고 해요. 하지만 내가 내 시에 대해 자평을 하자면 내가 그렇게 쓰는 게 결코 쉬운 건 아니라고 생각합니다. 누구라도 그렇게 다 할 것 같다고 하지만 그 쉬운 말들 속에서, 보편적인 삶 속에서 시적 긴장을 만드는 일, 내 나름으로는 그런 긴장을 유지하기 위해 시 전편에 흐르는 이미지든, 혹은 그 어떤 것이든 긴장을 만들어내기 위해 애를 많이 썼던 것 같아요.

붉은 울음을 밤새 울었다/ 밤새 웃었다

장만호: 네. 그런데 말씀 듣다 보니, 언제부터 시를 쓰고자 했는지 궁금해지네요.

유홍준: 열네 살 무렵에 미당의 「문둥이」를 읽었어요. "달 뜨면 애기 하나 먹고 꽃처럼 붉은 울음을 밤새 울었다"라는 구절을 읽고는, '붉은 울음을 밤새 웃었다' 라고 하는 것이 더 그럴 듯한 거 아니냐고 생각했어요. 울음을 웃은 것이 훨씬 더한 비극이라고 생각했던 것 같아요. "나는 우는데 당신들은 왜 웃습니까?" 하던 이주일의 말과 같은 것이 바로 시이지, 밤새 울음을 우는 건 시가 아니라고 느꼈지요. 내가 오독한 그 느낌, 달 뜬 푸른 보리밭의 문둥이가 열네 살의 나에게 아주 강하게 와 닿았던 겁니다.

문둥병에 걸린 한하운이 방랑하며 걸었던 그 느낌, 발가락이 떨어져 나가는 느낌을 나는 느낄 수 있을 것 같았어요. 김영랑의 '돌담에 부서지는 햇발' 의 느낌, 미당 시에서 느꼈던 그 느낌들이 바로 내 시의 출발이자 근원이라고 생각합니다. 지금은 아니지만 현재의 나와는 다른 느낌이 있었어요. 나도 감성이 풍부했던 사람이야, 우악스러운 사람이 아니었어요(웃음). 김언희 선생님을 처음 만났을 때 감성이 너무 많아서, 시에 물기가 많아서 조금 더 드라이해져야 한다는 말씀을 많이 들었지요.

장만호: 그때부터 시를 쓰고자 했던 건가요?

유홍준: 그건 아니에요. 어쩌다 보니 쓰게 된 것 같아요. 내가 왜 시를 쓰고, 왜 시인이 됐는가는 시를 쓰고 난 이후에 생각해 보게 되는 것이지 미리 생각하고 시를 쓰는 사람은 없잖아요? 나는 어쩌다보니 태어났고, 인간이니까 사는 게 무엇인지 삶이 무엇인지 생각을 해보게 된 것처럼 말이에요. 사실 내가 되고 싶었던 건 영농후계자였어요. 우리 부모님이 농사를 짓고, 주변 환경도 그랬었고. 그 논밭을 늘려가면서 '강촌에서 살고 싶네' 같은 노래처럼 살고 싶었지요.

장만호: 지금은 어떠세요? 지금도 그런 삶에 대한 동경이 있는지요?

유홍준: 지금은 그런 것도 없고, 내 숨이 붙어 있을 때까지 일하다 죽겠지요. 사실 난 평생 뭔가를 의도해본 적이 없어요. 설령 의도했다 해도 그렇게 살아지지도 않았고요. 나한테 인생은 마음먹었다고 해서, 의도했다고 해서 그렇게 살아지지는 않는 것이었어요. 내가 지금 문학관에서 일하게 된 것도 그렇지요.

내가 예상하는 노후는 두 가지 일 것 같습니다. 하나는 시골에서 산을 개간해서 도라지나 고사리를 심는, 허리 좀 구부러진 전형적인 시골 할아버지. 임플란트 할 돈도 없이 이도 듬성듬성 빠져 있거나 틀니를 하고 그런 삶. 그게 아니라면 도시에서 초라하게 늙는 그런 할아버지? 최소한의 돈으로 살긴 사는데, 시를 썼기 때문에 간혹 나를 잊지 않는 사람이 누군가 있다면 그 사람을 만나는 걸 썩 내켜하지 않으면서도 만나는 삶. 뭐 그렇게 그렇게 살지 않을까 싶군요.

장만호: 어떤 삶이 되건 시는 항상 그 삶 속에 있겠지요?

유홍준: 그렇겠지요. 이제 난 시를 떠나서는 살 수 없는 짐승이 되었으니까.

장만호 전북 무주 출생. 2001년 세계일보 신춘문예 당선. 2008 김달진문학상 젊은시인상 수상. 시집 『무서운 속도』. 현재 국립 경상대학교 국어국문학과 교수. bluwish@hanmail.net

【'작가'가 선정한 오늘의 시】 시리즈

2002 '작가'가 선정한 **오늘의 시&시조**_고두현 「귀로」 外

기획위원 / 이우걸 장경렬 이경철 유성호 홍용희 김춘식 신국판 / 값 7,000원

2003 '작가'가 선정한 **오늘의 시**_신경림 「낙타」 外

기획위원 / 이지엽 맹문재 오형엽 신국판 / 값 8,000원

2004 '작가'가 선정한 **오늘의 시**_문태준 「맨발」 外

기획위원 / 문혜원 맹문재 유성호 신국판 / 값 8,000원

2005 '작가'가 선정한 **오늘의 시**_문태준 「가재미」 外

기획위원 / 문혜원 맹문재 유성호 신국판 / 값 8,000원

2006 '작가'가 선정한 **오늘의 시**_송찬호 「만년필」 外

기획위원 / 유성호 박수연 김수이 신국판 / 값 9,500원

2007 '작가'가 선정한 **오늘의 시**_김신용 「도장골 시편-넝쿨의 힘」 外

기획위원 / 유성호 박수연 김수이 신국판 / 312쪽 / 값 10,000원

2008 '작가'가 선정한 **오늘의 시**_김경주 「무릎의 문양」 外

기획위원 / 이형권 유성호 오형엽 신국판 / 312쪽 / 값 10,000원

2009 '작가'가 선정한 **오늘의 시**_송재학 「늪의 內簡體를 얻다」 外

기획위원 / 이형권 유성호 오형엽 신국판 / 328쪽 / 값 10,000원

2010 '작가'가 선정한 **오늘의 시**_진은영 「오래된 이야기」 外

기획위원 / 유성호 홍용희 이경수 신국판 / 296쪽 / 값 10,000원

2011 '작가' 가 선정한 **오늘의 시**_심보선 「'나' 라는 말」 外

기획위원 / 유성호 홍용희 함돈균 신국판 / 288쪽 / 값 12,000원

2012 '작가' 가 선정한 **오늘의 시**_안도현 「일기」 外

기획위원 / 유성호 홍용희 함돈균 신국판 / 304쪽 / 값 12,000원

2013 '작가' 가 선정한 **오늘의 시**_공광규 「담장을 허물다」 外

기획위원 / 유성호 홍용희 함돈균 신국판 / 256쪽 / 값 12,000원

2014 '작가' 가 선정한 **오늘의 시**_이원 「애플 스토어」 外

기획위원 / 유성호 홍용희 함돈균 신국판 / 272쪽 / 값 12,000원

2015 '작가' 가 선정한 **오늘의 시**_유홍준 「유골」 外

기획위원 / 유성호 홍용희 함돈균 신국판 / 245쪽 / 값 14,000원

【 '작가' 가 선정한 오늘의 영화 】 시리즈

2006 '작가' 가 선정한 **오늘의 영화**
기획위원 / 강유정 김서영 강태규　신국판 / 값 9,500원

2007 '작가' 가 선정한 **오늘의 영화**
기획위원 / 강유정 이상용 황진미　신국판 / 값 9,500원

2008 '작가' 가 선정한 **오늘의 영화**
기획위원 / 유지나 강태규 설규주　신국판 / 값 10,000원

2009 '작가' 가 선정한 **오늘의 영화**
기획위원 / 유지나 전찬일 강태규　신국판 / 값 10,000원

2010 '작가' 가 선정한 **오늘의 영화**
기획위원 / 유지나 전찬일 강태규　신국판 / 값 10,000원

2011 '작가' 가 선정한 **오늘의 영화**
기획위원 / 유지나 전찬일 강태규　신국판 / 값 12,000원

2012 '작가' 가 선정한 **오늘의 영화**
기획위원 / 유지나 전찬일 강태규　신국판 / 값 12,000원

2013 '작가' 가 선정한 **오늘의 영화**
기획위원 / 유지나 전찬일 강유정　신국판 / 값 12,000원

2014 '작가' 가 선정한 **오늘의 영화**
기획위원 / 유지나 전찬일 강유정　신국판 / 값 12,000원

2015 '작가' 가 선정한 **오늘의 영화**
기획위원 / 전찬일 홍용희 이재복 강태규 손정순　신국판 / 값 14,000원

이 도서의 국립중앙도서관 출판시도서목록(CIP)은 e-CIP 홈페이지
(http://www.nl.go.kr/ecip)에서 이용하실 수 있습니다.
(CIP 제어번호 : CIP2015009326)

2015 '작가'가 선정한 오늘의 시

2015년 3월 25일 초판 1쇄 인쇄
2015년 3월 31일 초판 1쇄 발행

지은이 | 유홍준 외
펴낸이 | 孫貞順
펴낸곳 | 도서출판 작가
서울 서대문구 북아현로 22나길 13-8(우120-866)
전화 | 365-8111~2 팩스 | 365-8110
이메일 | morebook@morebook.co.kr
홈페이지 | www.morebook.co.kr
등록번호 | 제13-630호(2000. 2. 9.)

기획위원 | 유성호 홍용희 함돈균
편집 | 김이하 손희 신민규
디자인 | 오경은
영업 · 관리 | 이용승

ISBN 978-89-94815-53-4 (03810)

값 14,000원